Leopold Jacoby

Es werde Licht

Leopold Jacoby

Es werde Licht

ISBN/EAN: 9783743409026

Hergestellt in Europa, USA, Kanada, Australien, Japan

Cover: Foto ©ninafisch / pixelio.de

Manufactured and distributed by brebook publishing software
(www.brebook.com)

Leopold Jacoby

Es werde Licht

Es werde Licht.

Poesieen

von

Leopold Jacoby.

Zweite Auflage.

Berlin 1873.
Verlag von H. E. Oliven.
Louisenstraße 45.

Inhalts-Verzeichniß.

Vorwort zur zweiten Auflage.

Dies Buch hat, wie hiermit konstatirt wird, in deutschen Arbeiterkreisen festen Fuß gefaßt. Es spricht eine Sprache, die von den Massen verstanden werden kann, so soll es auch von den Massen gelesen werden. Daß dies ermöglicht werde, dazu soll die weitere Preisermäßigung beitragen, die bis zu den geringsten Herstellungskosten fortgeführt werden wird.

Berlin im November 1872.

Der Verfasser.

Aus Berlins Vorzeit.

(Ein persisches Märchen.)

Ich hab's gewagt mit Sinnen
Und trag' deß noch kein' Reu.

Hutten.

I.

In Ispahan.

Das war zu Ispahan.

Da hatten die Schloßgärten sich aufgethan
Seit fünfhundert Jahren zum ersten Mal wieder,
Und fluthend wogte es auf und nieder
In den Laubgängen und Gewinden,
Unter Blumengehängen und Gebinden,
Und es war ein Drängen und ein Winden
Und ein Wallen und ein Wandeln
Zwischen den Granatbüschen und Mandeln,
An Jasmin vorbei, an Tulpen und Anemonen,
Unter den herrlichen hohen Platanenkronen.

In prangenden Festkleidern sah man da
Aus ganz Persien von fern und nah,
Von Ost und West, von Nord und Süd,
Wie ein Zug Bienen zum Korb einzieht,
Eine Menge Menschen ziehen heran
Aus Teheran
Und Ispahan,
Aus Kaschan, Kerman und Hamadan,
Von der Wüste aus Jeschd
Und vom Meer aus Rescht,

1

Aus Tabbas
Und Schiras,
Aus Asbrabad
Und Harunabad
Und vom Nachbarreiche aus Bagbad,
Der altberühmten Khalifenstadt.

Es war das hohe Fest des Naurus, und hieran
Knüpft sich eine alte Sitte in Iran.
Vor undenklichen Zeiten von Dschemschid gegründet,
Ist es ein Fest, das da verkündet
Den Neujahrsangang
Und Frühlingsanfang
Und Wintersausgang
Mit Einklang und Ausklang,
Wo Jung und Alt jubeln und sich freuen
An dem Abschied des Alten und Gruß des Neuen,
Wo alle Welt so Groß wie Klein,
Froh ist, der alten Qual los zu sein,
Und an allen Ecken und allen Enden
Mit Händedrücken und Geschenkespenden
Der neuen Zeit, die nun will kommen,
Entgegenruft: willkommen! willkommen!

Es hatte aber heuer
Ein Umschwung, gewaltig und ungeheuer,
Für Persien bewirkt eine Doppelfeier.
Das war die Wiedererregung
Des alten Reichs und die Rückverlegung
Der Hauptstadt des Landes aus Teheran

Nach Jspahan,
Nach Persiens gartengeschmücktem Schoße,
Wo einst residirte Schah Abbas der Große.

Darum war überreicher Jubel heute
Und Schaugepränge und Festgeläute
In allen Straßen Jspahans und in allen Alleen
Und auf allen Plätzen vor den Moscheen;
Aber in den Gärten des Schah, im Palastgebäude,
Da war der Gipfelpunkt der Freude.
Vor allen Gärten Jspahans wie Türkise
Glänzten die Gärten der acht Paradiese,
Und darinnen lag, umgeben ganz
Von Festesschmuck, in Märchenglanz
Der Kaiserpalast, der erinnerungheilige,
Mit Namen genannt der vierzigsäulige.
Vor seinem Eingang staute sich enge
Der Strom der geladenen Volkesmenge,
Und sie schritten zu Hauf
Die Marmorstufen hinauf,
Wo die löwengetragenen Säulen stehen,
Dahinter in der Halle die Springbrunnen gehen,
Die murmelnd und plätschernd Kühlung wehen.

Ueber den Marmorboden zogen hier
Die Schaaren durch die Bogenthür
Und sammelten sich alsdann zumal
In dem spiegelumglänzten Säulensaal.
Mit Bildern bedeckt sind all seine Wände,
Und wohin sich immer das Auge auch wende,

1*

Es schauet der Herrlichkeiten kein Ende.
Worauf beim Eintritt Jeder zuerst hinblickte,
Das war der reich ausgeschmückte
Perlengezierte Thron vom Schah.
Auf einer Estrade stand er da,
Und von seinen sammetnen Sitzen
Sah man die Edelsteine blitzen.

Wie nun im Saale der Männer Schaar
Zur Rechten vom Throne gelagert war,
Siehe da rauschten herauf an dem Marmorgeländer
Gegenüber zu Linken seid'ne Gewänder,
Und es begann sich dort zu entfalten
Eine Fülle von duft'gen Frauengestalten.
Ueber die Gesichter und schlanken Glieder
Fielen Turbanshawls und Schleier nieder,
Aus deren Oeffnungen die dunkeln
Augen funkeln,
Die herniederblitzten in den Saal als Späher,
Und den Männern schlugen die Herzen höher.

Ein Trompetenstoß erklang und darauf erschienen
Mit stolzen, vollgewicht'gen Mienen
Die Minister des Schah, die Würdenträger,
Des Reiches Lasten- und Bürdenträger.
Die gehn feierlich die Estrade hinauf
Und stellen sich neben dem Throne auf.
Einer aber aus ihrer Mitten,
Der Minister der Künste und schönen Sitten,
Unter zweimaligem Trompetenrufen

Trat hervor vor des Thrones Stufen
Und verkündete mit Händewinken,
Darauf es stille ward zur Rechten und Linken:

Den Bewohnern Persiens von fern und nah
Entbietet des Reiches Herr, der Schah,
Durch meinen Mund Gruß und Gnade zuvor
Und diese Worte in euer Ohr.
Es ist ein Märchenerzähler heimgekehrt,
Der dem Schah ist lieb und werth
Und den er hoch hält und verehrt,
Der in seinem Munde hat aller Vögel Schall
Und die tausendstimmige Nachtigall,
Der in seiner Sprache Wunder birgt,
Und der mit Worten Wunder wirkt,
Seine Verse sind wie Zuckerrohr,
Und Blüthenduft steigt aus ihnen empor.

Zu des Neujahrfestes Krönung,
Zu dieses Tages Glanz und Verschönung
Soll klingen seines Liedes Tönung.
Da ist es aber der Wunsch des Schah,
Daß nicht geschieht, was sonst geschah,
Worüber ein jeder Verständige klagt,
Daß wenn der Erzähler was Schönes sagt,
Gleich unter den Hörern ein Beifall begann
Und ein Klatschen, das sich höret an
Wie das Kesselschmieden in Kaschan.
Also ist es sein Wille,
Daß jeder nach diesem Ferman thue

Und den Erzähler höre in Ruhe.
Und das läßt der Schah den Männern einmal
Sagen und den Frauen zweimal. —
Drauf trat er zurück, der Sittenminister,
Und rings herum erhob sich ein Geflüster.

Wiederum ein Trompetenstoß erklang,
Und nun erschien mit bescheidenem Gang
Den verkündet hatte der Lobgesang.
Und all die schönen Augen der Frauen,
Die dunkelbraunen und blauen,
Die guckten auf ihn mit Neugiergrauen,
Und war gar nichts besonderes an ihm zu schauen;
War nur bekannt im Land
Als einer, der es gewandt verstand
Zum Ohrenschmaus und Genuß der Seelen
Gute Märchen gut zu erzählen.
Und er sah sich um und ergötzte sich
An dem Staunen rings und setzte sich
Auf den Teppich nieder gegenüber dem Throne
Zwischen dem Männersitz und dem Frauenbalkone.

Alsbald erscholl eine wunderbare
Jubelklingende Trompetenfanfare,
Und da
Trat herein des Landes Gebieter, der Schah,
Strahlend in der Diamanten Licht,
Mit ernstem, bleichem Angesicht,
Und der schwarze Bart, der es umgab,
Fiel ihm bis auf die Brust herab,

Wo das goldbrokatene Gewand
Festhielt ein funkelnder Diamant.
Mit Neigen und mit Grüßen
An die Versammlung zu seinen Füßen
Ließ er sich auf den Thron nieder und nahm
Vom Pfeifenträger, der zu ihm kam,
Den Tschibuk und rauchte ihn lobesam,
Dann lehnte er sich zu behaglicher Ruh
Und nickte dem Erzähler zu.

Und der erhob sich,
Durchblickte die Versammlung frohbewußt,
Legte die Arme über die Brust
Und neigte sein Haupt und verbeugte sich fünfmal,
Vor dem Schah einmal,
Vor den Frauen zweimal,
Vor den Männern einmal
Und wiederum vor dem Schah einmal.
Dann ließ er sich wieder
Auf den Teppich nieder,
Noch ein wenig sann er,
Und so begann er:

Hochmächtiger Schah!
Es sei dir das Neujahr
Ein Lust= und Freujahr,
Ein Glückausstreujahr
Und niemals ein Reujahr.
Sei du der Armen Hirt und Hort,
Der Hungrigen Wirth und der Zufluchtsort

Der im perfifchen Reiche Unterdrückten,
Durch Elend Gebeugten, im Unrecht Gebückten.
Wo dein Name wird genannt,
Sei die Geldgier unbekannt,
Daß durch Gerechtigkeit gesegnet sei
Und also wachse und schwell' und gedeih'
Die Wohlfahrt des Landes wie eines Stromes Lauf,
Und an seinen Ufern blühe auf
Die wunderbare Blume des Schönen,
Die immerdar den Wohlstand muß krönen.

Hochmächtiger Schah!
Wie seiner Zeit Saadi, der Held,
Durchzog ich weit und breit die Welt,
Und ward mir auch nur der tausendste Theil
Von seiner Erkenntniß dabei zu Theil,
So zähl' ich es mir zum Ruhm und zum Heil.
Nun kam ich zurück, bin hierher entboten,
Und du haft mir zum heutigen Fest geboten,
Dir zu erzählen von einer Stadt,
Die deine hohe Bewunderung hat.
Sie ist mit Namen genannt Berlin,
Und beginnt die Augen auf sich zu ziehn
Der Welt und zu strahlen in hellstem Lichte
Durch ihre Gegenwarts- und Zukunftsgeschichte.

Nun war ich dort, und mein Wort betheuert,
Daß sie nach einem Ziele steuert,
Was als groß und erhaben einst wird kund
Ueber die Städte vom Erdenrund.

Aber auch aus ihrem Innern
Weiß ich mich Manches zu erinnern,
Was als groß und selten
Und einzig in seiner Art zu gelten
Vor andern wohl sich darf getrauen,
Und manche echte Perle der Frauen
Und Naturwunder auch sind dort zu schauen:
Wenn man beim Regen mit einmal im Strome steht,
Und wenn der Samum durch die Straßen weht,
Der den Bewohnern über Alles geht. —
Bei diesen herrscht vor allen Dingen
Eine Begeisterung und Voreingenommenheit
Für ihrer Stadt Vollkommenheit,
Die oft nicht anders wie kindlich ist
Und für den Fremden empfindlich ist.

Wen sah die
Welt so klug als Abdul Saadi?
Und wenn heut Saadi leibhaftigermaßen
Wandelte durch ihre Straßen,
Und du willst den Berliner über ihn fragen,
Wird er dir achselzuckend sagen:
Das ist der Saadi? so sieht er aus?
Den haben wir klüger bei uns zu Haus. —
Wenn aber ein Esel auf ihrer Straße fällt,
Gleich haben sich hundert dazugesellt,
Die stehen da
Dichtgedrängt wie die Fruchtbeeren bei den Hollundern
Und fangen an, ihn zu bewundern. —

Aber frisch ist das Volk, voll Saft und Mark
Und von innen heraus gesund und stark
Und unverzagt wie im Winter die Meisen
Und arbeitsam wie die Ameisen,
Und wer bei ihnen längere Zeit nur blieb,
Ich versichere dir, der gewinnt sie lieb.
Du triffst bis heute dort keinen Dichter,
Aber der Wissenschaft leuchtende Lichter
Und Sprachengelehrsamkeit, darin du
Findest den Buschmann und den Hindu,
Den Aegypter und die Indianerrotten,
Den Eskimo und den Hottentotten.

Du willst,
Daß ich aus dieser Stadt ein Stücklein wähle
Und ein Märchen erzähle,
Um Zeugniß zu geben
Von ihrem Thun und Treiben und Leben,
Von ihrer Verwaltung und Lenkungsart
Und Geistesgestaltung und Denkungsart,
Und dies Märchen, mit bunten Bildern gefüllt,
Soll sein der Wahrheit Spiegelbild.

Hochmächtiger Schah!
Die Wahrheit zu sagen ungeschminkt,
Ist ein Wagstück, worin selten Belohnung winkt;
Wer aber die Wahrheit offenbart
Aus der Gegenwart,
Der muß versehen mit Waffen sein aller Art,
Zu bestehen den Kampf, der seiner harrt,

Muß gepanzert sein bei sich aufs best'
Und hieb= und stich= und kugelfest.
Weil aber solch Kampf ist mißlich
Und sehr verdrießlich
Und wenig ersprießlich,
Hab' ich es vorgezogen heut
In Hoffnung deiner Gewogenheit,
Zu erzählen in Unbefangenheit
Ein Stück aus Berlins Vergangenheit,
Zu dichten und zu berichten ein Märlein,
Das dort geschah vor etwa vierhundert Jährlein. —

Nun merket Alle auf und spitzet die Oehrlein.

II.

Die Rathhausscene.

Dort.

Wo mitten in der Stadt die Spree sich ergießt
Und nun in einem Strombett fließt,
Das eingeengt ist
Und eingeschränkt ist,
Doch damals war es breit und frei
Und hatte dort der Arme zwei,
Die zwischen sich ließen eine Insellücke,
Da stand an einem Ende der Brücke,
Die heute kurz ist und damals lang war
Und ein Hauptverbindungsgang war,
Ein Haus,
Mit dem Giebel gebaut zur Spree hinaus,
Aus Holzwerk aufgeführt,
Mit Schnitzwerk ausgeziert,
Das war vom alten Berlin das Rathhaus,
Der einstigen Republik Stadthaus und Staathaus.

Es war
Ein graunebliger Tag im Februar,
Da zogen dorthin im Amtsornat
Die Herren vom Rath
Und zum guten Berathungswerke
Auch die Vertreter der Gewerke.

Als nun im Rathhauszimmer allmählig
Die Versammlung ward vollzählig, —

Die Rathmänner weiche Sitzplätze fanden,
Die Werkmänner gesondert dagegenstanden —
Da nahm der im Chorsitz
Von den Rathmännern führte den Vorsitz,
Mit Husten und Räuspern, ein wenig zag,
Das Wort und sprach:
Meine geehrten Herrn, meine guten und hulbigen,
Der Herr Bürgermeister ist krank und läßt sich entschuldi-
                                        gen. —
Sogleich begann unter den Werkmännern ein Schurren
Und lautes Murren,
Und einer trat vor, der war breitknochig
Und aufpochig,
Klopfte mit den Knöcheln der Faust auf den Tisch
Und rief mit dröhnender Stimme frisch:
Ist er krank?
Saß wohl beim letzten Festmahl zu lang?
Solch unsichtbares Licht,
Einen solchen Bürgermeister brauchen wir nicht!
Wenn all die Gäuche
Und dicken Bäuche
Ihr faules Regiment hier so weiter führen,
So werden wir's bald einmal probiren,
Ohne sie uns selber zu regieren! —
Da rief ihm Beifall sein ganzer Chor.
Dem Stadtschreiber aber raunte einer in's Ohr:
Das ist ein Grobschmid, der kann's gehörig.
Und der erwiederte ihm: Das hör' ich.

Der Vorsitzende aber, unbeschwert,

Fuhr fort, als hätt' er gar nichts gehört:
Warum wir unjerer Stadt zum Frommen
Heute sind hierhergekommen,
Das ist wohl Allen bekannt genug.
Wir erwarten demnächst gar hohen Besuch
Von seiner Durchlaucht, dem jungen Fürsten,
Nach dessen Gunst und Gnade zu dürsten
Diese gute, getreue Stadt
Ursache haben muß und hat,
Alldieweil er vom Kaiser ein Abgesandter ist
Und noch dazu sein Verwandter ist.
Der kommt mit seiner Braut vom Süden her,
Der Stadt Berlin zur gewaltigen Ehr'.
Mithin handelt es sich, dazu zu gelangen,
Ihn unterthänigst sein zu empfangen,
Auf daß er Ursach zum Tadeln mit nichten habe
Und dem Kaiser nur Lob zu berichten habe.
Also schlage zunächst ich für,
Daß man vom Rathe einen erkür',
Der in wohlgesetztem Redefluß
Den Fürsten am Thor empfangen muß,
Der Stadt zum Heil, den Hörern aber zum Hochgenuß.

Darauf trat ein andrer vom Chor
Der Gewerke vor,
Das war ein Wollenweber
Und redete gradweg von der Leber:
Daß einer von euch dort spricht,
Offen gesagt, das gefällt mir nicht,
Der, wenn er ein fürstlich Haupt erblickt,

Wie ein Taschenmesser zusammenknickt,
Und wollt er vorher sich hart erweisen
Als Eisen,
Dann wird er stracks
Weich wie Wachs,
Daß ihm gleich vor Ehrfurcht die Kniee knacken, —
Aus solchem Teig sind wir nicht gebacken.
Diese Stadt,
Die annoch keinen Herrn über sich hat,
Die hat immer darauf gehalten stolz,
Geschnitzt zu sein aus hartem Holz,
Zu sprechen kühn und sich nicht zu schmiegen
Und lieber zu brechen als sich zu biegen.
Es sind aber des Volkes Klagen
Genug vor aller Welt zu sagen,
Braucht nur mal bei uns herumzufragen. —
Dann drehte er sich wieder um und ging,
Und lauter Zuruf ihn empfing.

Darauf einer vom Rath sich erhob und sprach:
Alsdann nunmehro
Schlage ich vor zur Begrüßung von Dero
Hohe Gnaden und Fürstlichkeit
Eine Jungfrau in weißem Kleid.
Mit ihren Kolleginnen
Wird sie sicherlich Huld gewinnen.

Alsofort
Fiel der Stadtschreiber ihm ins Wort:
Wir haben Schönheiten ein ganzes Heer,

Doch eben darum die Wahl ist schwer.
Erst wird gehadert hin und her,
Der will seine Tochter im Glanze sehn,
Und der meint,
Seine wär' nicht minder schön,
Und zum Schluß kommt heraus nach all dem Streiten
Eine Auswahl von Häßlichkeiten. —
Da lachten Alle rings,
Und Viele meinten, so wär's allerdings.

Aber der Lehrer der Stadt,
Der zwischen den Werkmannen saß und dem Rath,
Also sich das Wort erbat:
Ihr wollt euch was Männliches zu sagen bequemen,
Und dazu wollt ihr ein Fräulein nehmen?
Ein solcher Beschluß, mit Verlaub zu sagen,
  Das hieße den Gedanken todt durch die That schlagen,
  Das wär' mehr ein Radschlagen als ein Rathschlagen.
Ich wüßt' aber einen,
Sollt' ich meinen,
Der kann dies Unternehmen
Wohl unternehmen,
Daß ihr euch braucht des Erfolges nimmer zu schämen.

Darauf ein andrer vom Rath: Man wende sich mit Vernunft
An die deutsche Sangeszunft.

Der Lehrer aber wiederum sprach:
Ihr meint die berühmten Zunftfängerkreise?
Dies ist ihr Werk und dies ihre Weise:

2*

Sie lassen sich bis zum Ueberdruß hören
Mit ihren höchst wohllautenden Lehren.
Aber ich sage euch,
Es ist darinnen mehr Leere als Lehre,
Mehr Hohllaut als Wohllaut.
Aus Dummheit gewoben, aus Trug und List
Sie reden stolze Worte, da nichts hinter ist.
Es hört sich schön an und ist nicht schön,
Es ist nur ein thönernes Getön,
Das poltert wie wenn man Töpfe zerbricht,
Aber den Topf der Weisheit nicht.
Das sind die Poëten,
Das sind die Propheten,
Zu denen die echten gehören so
Wie sich zusammenreimt Weizen und Stroh.
Sie werden euch wahrsagen
Und alles Falsche euch richtig auf ein Haar sagen.

Eine Pause hiernach entstund,
Und einer der Werkmannen sprach jetzund:

Es ist heuer eine Zeit
Voll Trübsal und Leid,
Man kann sich kaum davor erwehren,
Und überall thut es rumoren und gähren,
Als müßte die Welt was ganz Neues gebären.
Da meine ich,
Es wäre wohl gut sicherlich,
Um uns selber fröhlich zu machen,
Wenn wir auch was bringen zur Lust und zum Lachen,

So was von Mummenschanz und Narrentheidung.
Und dies wollt ich vorlegen zur Entscheidung. —
Ein lauter Beifall folgte den Worten nach.

Und der Vorsitzende also sprach:
Es ist sichere Zeitung,.
Daß in des fürstlichen Paares Begleitung
Der Bischof, ein Vetter der hohen Braut,
Mit werde geschaut.
Von dem thut man überall sagen und singen,
Daß er an Scherz und komischen Dingen
Schier so viel Gefallen habe
Als an seinem Bischofsstabe.
Mithin, so meint der Rath und spricht,
Wär's für die Stadt so uneben nicht,
Wenn derartiges auch geschicht.

Der Stadtschreiber hierauf das Wort empfing
Und sprach:
Es ist mit dem Schelten ein eigen Ding.
Wer andere tadelt keck und klug,
Von dem verlangt die Welt mit Fug,
Daß er zeige, ob er es besser kann,
Sonst bleibt er ein verlorener Mann.
Darum wollt' ich fragen,
Ob uns der Lehrer der Stadt will sagen,
Wen er denn habe vorzuschlagen;
Wer etwa, denen er Lehre giebt,
Also ist sang= und wortgeübt,
Daß er uns guten Erfolg verhieß.

Der Lehrer sprach: Darauf sage ich dies:
Es sind ihrer dreie, doch einer davon
Ist wie die auserwählten Tannen vom Libanon.
In seinen Worten ist eine Tiefe,
Von der man nicht glauben sollt', daß sie dort schliefe.
Ich sage euch, wahrlich
Seiner Sprache Gewalt ist wunderbarlich.
Es ist mir da ein Genie geboren,
Ich weiß nicht,
Ist er zu spät oder ist er zu früh geboren.
Er ist aber von den fahrenden Schülern einer,
Wo er her und wo er geschult ist, weiß keiner. —

Von den andern beiden ist der eine vom Rhein
Im Vortrag zierlich, anmuthig und fein.
Wie ein Goldammer
Lieblich schlägt mit ihrer Stimme Goldhammer,
So ist er im Sang' fröhlich immer
Und traurig nimmer;
Wie Schaumwein, der überquoll,
Prickelnd=lustig=übertoll
Und von Wortspiel und süßen Reimen voll. —
Der andre aber, immer voll Tadel und Zweifel,
Fürchtet nicht Himmel, noch Hölle, noch Teufel,
Mag sich einem Machtgebot nicht bequemen,
Läßt sich vom Brod die Butter nicht nehmen,
Sagt lieber zehnmal nein als einmal ja,
Wo was los ist, ist er da,
Mit der Zunge bei der Hand und mit der Hand geschwind,
Kurz wie nun einmal die Berliner sind,

Ein richtiges Berliner Kind.
Doch wenn er spricht, so trifft der Tropf
Euch sicher den Nagel auf den Kopf. —

So sprach er, und der ganze Chor zu Hauf
Jauchzte mit hellem Jubel auf.

III.

Die Scene im Schulzimmer.

Während dies in dem Rathhaus geschah,
Da sah
Es in einem Zimmer der Gässchen, wirr und kraus,
Im Erdgeschoß zum Hof hinaus
Absunderlich aus.
An den Wänden hingen da
Instrumente der Musika
Und Tafeln standen auf Gestell'n,
Im Zimmer aber waren zwei Gesell'n,
Die trieben mit halloh und holla
Allerlei Allotria.
Sie sangen unverfroren
Einander Spottliedlein in die Ohren.
Der eine übte dabei die Fußgelenke
Und sprang beim Sang über Schemel und Bänke.
Es war ein hübscher, zierlicher,
Gewandter und manierlicher.
Der andre, gar hager, doch markig und sehnig,
Saß auf einer Bank, lärmte auch nicht wenig,
Hatte eine Mönchskapuze angethan
Und Narrenschellen darangethan,
Die ließ er klingen mit Jauchzen und Johlen
Und schnitt dazu närrische Kapriolen.

Jetzt nahm der erste von der Wand eine Laute,
Der er allerhand Singsang anvertraute;
Dann rief er zum zweiten: halt einmal Ruh,
Laß mich jetzt singen und du hör' zu,
Nachher wollen wir die Rollen tauschen,
Und du sollst singen und ich will lauschen;
Wer aber den andern besiegt im Gesang,
Der soll Kaiser sein eine Stunde lang.

Der zweite sprach: ich bin's zufrieden,
Fange du an, deinen Leim zu sieden.

Gut, sagte der erste,
Ein Ohrspiel zum Vorspiel
Und zum Nachspiel ein Sprachspiel.
Dann stimmte er die Saiten, spielte und sang
Mit lust'gem Klang:

Der Kaiserwein.

Der deutsche Kaiser Wenzeshals
Und Kurfürst Ruprecht von der Pfalz
Die saßen eines Tags am Rhein
Wohl vor dem Aßmannshäuserwein
Beim Königstuhl zu Rhense
Und tranken ganz immense.

Der Kaiser hub sein Glas und sprach:
Herr Kurfürst, Fama sagt euch nach,
Ihr trachtet baß nach meinem Thron
Und säht mich ohne Reicheskron'

Und los der Kaisersorgen
So lieber heut als morgen.

Wohlan, dies ist ein Kaiserwort:
Schafft ihr jetzunder mir sofort
Von unsers deutschen Rheins Revier
Den Wein, der besser mundet mir
Als dieser Aßmannshäuser,
So mach' ich euch zum Kaiser.

Da rief der Kurfürst: topp, es gilt!
Sogleich sei die Beding erfüllt.
Er gab den Knappen einen Wink,
Die sprangen fort und brachten flink
Dahergerollt ein Tönnlein,
So schmuck als wie Nönnlein.

Herr Kaiser mein, der Kurfürst sprach,
Dies ist ein Wein aus Bacharach,
Der ist die Krone werth der Welt.
Wenn's ihro Majestät gefällt,
So sei er jetzt probiret
Und der Beweis geführet.

Und wie der Wein war eingeschenkt,
Der Kaiser ihn im Glase schwenkt,
Probirte lang' und probte tief,
Dann schnalzt' er mit der Zung' und rief:
Bei meiner armen Seele,
Der Wein ist ohne Fehle!

Sie haben drauf die ganze Nacht
Beim Bacharacher zugebracht.
Der Kaiser, der den Wein erprobt,
Hat ihn noch immer mehr gelobt,
Da ward der Kurfürst fröhlich
Und alle beide selig.

In jener Nacht sie wurden eins:
Vier Fuder Bacharacher Weins
Der Ruprecht seinem Kaiser gab,
Dafür die Krone trat ihm ab
Der Wenzel als ein Weiser. —
So ward der Kurfürst Kaiser.

Der zweite sprach:
In seinem Rausch
Thät Wenzel da den besten Tausch. —
Jetzt aber gieb her die Mandoline,
Daß ich dir mit einem Lieblein diene.

Drauf nahm er die Laute und begleitete sich
Ein Lied, das sang er gar wunderlich,
Und immer, wenn ein Vers war um,
Fuhr er wie wild auf den Saiten herum,
Daß es wiederhallte mit tiefem Brumbrum,
Dann schüttelt' er mit dem Kopf darein,
Das gab ein Geklingel gar lieblich und fein.

Und er sang:

Der Königsnarr.

Es war einmal ein Königsnarr,
Der manches Jahr Hofnarre war
Bei einem König wohlgemuth
Und reich an Land und fromm und gut.

Der König war dem Narren hold,
Hielt ihn in Ehr' und gutem Sold,
Dafür der Narr ihm dankbar war
Und zugethan just wie ein Narr.

Nun traf sich's über kurz und lang,
Der König wurde fieberkrank
Und rings umher in weiter Rund'
Kein Arzt dem König helfen kunnt.

Da ging bei Hof ein Trauern an,
Es weinten Zof' und Edelmann.
Der Narr war kaum bei Sinnen mehr,
Er härmte sich ohnmaßen schwer.

Und saß und grübelt Tag und Nacht,
Bis er ein Mittel ausgedacht,
Das ihm nach seinem Narrensinn
Für seinen König heilsam schien.

Im Garten bei des Königs Schloß
Da war ein Teich, darinnen floß
Zum Wehre niederwärts ein Bach,
Dort war der Kranke jeden Tag.

Der Narre blaß, der König bleich,
Sie standen an dem Gartenteich,
Ein Stoß da von des Narren Hand,
Der König taumelt übern Rand.

Es fiel der König in das Wehr.
Plump! — sprang der Narre hinterher.
Der König fiel, der Narre sprang,
Von beiden keiner untersank.

Sie kamen glücklich wieder baß
Und waren alle beide — naß;
Doch durch den Schreck der König war
Von Stund gesund. Es jauchzt der Narr.

Jetzt kam der Narr, der arme Wicht,
Ob Hochverraths vors Hochgericht,
Und billig ward ihm zuerkannt
Der Tod durchs Schwert von Henkershand.

Der Spruch geschah, das Urtheil blieb,
Der gute König unterschrieb.
Zum Henker schickte er darnach,
Der Henker kam, der König sprach:

Ich will dem Narren gnädig sein,
Du sollst dein Amt nur thun zum Schein;
Jedoch der Narre bis zum Schluß
Soll glauben, daß er sterben muß.

Drum hüte dich, daß Niemand weiß,
Was du sollst thun auf mein Geheiß,
Sonst trifft das Urtheil dich und ihn.
Der Henker ging, der Tag erschien.

Ringsum ein groß Gefolge saß.
Der König freut sich auf den Spaß.
Der Narr wird auf's Schaffot geführt,
Sein starrer Blick zum König stiert.

Der Henker ihm die Augen band
Und — statt des Schwerts aus dem Gewand
Wohl eine Weidenruthe zog,
Der Henker hält die Ruthe hoch.

Wie die des Narren Körper strich,
Der zuckt zusammen fürchterlich.
Als man ihm nun die Gnade bot,
Der dumme Königsnarr — war todt.

Der erste sprach: Wahrlich, das war
Treu bis zum Tod — ein Königsnarr!

Aber wer soll nun als Richter entscheiden,
Wer das bessere Lied sang von uns beiden?

-Da rief der zweite:
Alle guten Geister!
Dort kommt von den Schülern der Meister.

Das ist ein Richter, ein kleiner, doch feiner.
Sieh dich um, dort kommt einer,
Dem der Himmel einen Blick verlieh
Voll fröhlicher Melancholie.

Es trat aber ein dritter Gesell in das Zimmer,
Deß Antlitz strahlte in bleichem Schimmer.

—

Und der erste also zum zweiten spricht:
Nein, das verstehst du nicht.
Sieh doch nur sein Gesicht an,
Siehst du es ihm denn nicht an?
Er ist ganz verzückt
Und uns entrückt
Und schaut in die Seligkeiten alle.
Noch aber sah ich keinen, der blickte ins Sonnenlicht
Und machte dazu ein gescheutes Gesicht.

Und lachend erwiedert der zweite: Fürwahr,
Du machst deine Sache wunderbar.
Wo du streichelst, packst du scharf zu,
Wo du schmeichelst, beißest du.

Darauf der erste zum dritten sprach:
Hab' ich dich gebissen, o Freund, gewiß
So war es nur ein kleiner Biß,
Und über ein bischen wirst du schmollen?
Bewahre der Himmel, das darfst du nicht wollen.
Du bist ja ein Genie,
Und so etwas thut ein Genie

Nie.

Ich will dir aber einmal ein Lieblein singen,
Das wird in deinen Ohren besser klingen;
Denn ich glaub', du klagst noch über Wunden,
Die ich schon längst hab' überwunden.

Horch:

Und ob dir auch bei jedem Schritt
Die Kleinheit der Menschen entgegentritt,
Und die abgestumpften Philisterseelen
Dein schönheitfrohes Gemüth zerquälen,
O lach' sie aus,
Mit blutendem Herzen lach' sie aus.
Glaub' mir, sie sind es nimmer werth,
Daß Gram darob dein Herz beschwert.
Blick' auf die Herde im Gefild,
Da findest du ganz ihr Ebenbild;
Denn die Philister die sind wie
Auf der Weide das Rindvieh.
Grasen
Ruhig weiter ab den Rasen,
Treffen sie eine Blume dann,
Glotzen sie sie verwundert an,
Brummen,
Daß man sie nicht fressen kann.

Da sprach der dritte
Mit einer Stimme, deren Klang
Seltsam den Hörern zu Herzen drang:
Wer in der Kindheit glücklich war,
Der ist gesegnet für immerdar.

Er kann und wird nicht sterben an Wunden,
Er will und wird immer wieder gesunden,
Er ist gewappnet und bleibet so
In allem Elend wunderfroh.

Ein schönes Recept, der zweite sprach,
Nur Schad' ist und wird es ewig bleiben,
Kein Erwachsener kann es sich mehr verschreiben. —
Doch du sollst einen Preis zustellen
Und über zwei Lieder dein Urtheil fällen.

Da rief der erste: Vor allen Dingen
Sollst du selber ein Lied erst singen,
Denn du siehst vor dir zwei Poëten,
Wenn sie auch lieber pfeifen als flöten;
Wer aber über Dichter will ein Richter sein,
Der muß selber zuerst ein Dichter sein.
Drum sprich zuvor und bekenn' es frei,
Wie hältst du's mit der Poëterei?
Hast du sie schon an den Nagel gehängt,
Sei dir auch dein Kritiker=Amt geschenkt.

Und der Dritte darauf sprach:

Die Poësie,
Was wär' die Welt und das Leben ohne sie!
Sie ist ein Kleinod in großer Noth,
Gegen alle Krankheit, die uns bedroht,
Ein Zaubermittel selbst gegen den Tod.
Wie ein Spiegel ist beglückt,

Vor dem sich ein liebliches Mädchen schmückt,
Wie eine Blume unter Thränen lacht,
Wenn sie ein Sonnenstrahl thaufunkelnd macht,
So hat dem Sänger ein Gott voll Mitleidsbeben
Für allen Jammer in seinem Leben
Dies Eine gegeben,
Daß er am Schönen satt sich sauge,
Und alles, was köstlich ist, siehet sein Auge,
Davon sein Lied auch wiederklang.
So ihr höret den Sang,
Es bewegt euch die Seele tief und bang'
Mit Wonn' und Weh, mit Lust und Leid,
Und euer Herz wird weich wie zu der Zeit,
Da der Frühling thauet,
Und der Himmel blauet
Und ihr die ersten Veilchen schauet.

Ihr wollt ein Lied, wohlan es sei.
Ich hab' nur eins, ich sing es frei,
Wird mir zu Sinn' nicht froh dabei.

Halleluja.

Ich ward von Groll und Gram verzehrt,
Die Welt schien mir verachtungswerth,
Ein Frauenbild hat mich bekehrt.
Da sie zuerst mein Auge sah,
Ich wußte nicht, wie mir geschah,
Aus tiefstem Herzen rief ich da
Halleluja!

Seitdem dünkt mir an Glück so reich
Die Welt, getröstet auch zugleich,
Und alles Harte mild und weich.
Ich seh' den Jammer und den Schmerz,
Ich seh' das Elend allerwärts,
Ich wein' und dennoch ruft mein Herz
       Halleluja!

Mit solchem Zaubertalisman,
Der Wunder hat an mir gethan,
Blick' ich im Leben himmelan.
Mir ist so worden hell und licht,
Wenn jetzt im Tod' mein Auge bricht,
Ich rufe doch und fürcht' mich nicht:
       Halleluja!

Hier hielt der Märchenerzähler inne. —
Und der Versammlung war ganz seltsam zu Sinne.

Wie ein Windhauch im Schilf geht von Rohr zu Rohr,
So ging ein Geflüster von Ohr zu Ohr,
Und von allen Lippen klang es da
Unbewußt wieder: Halleluja!

Der Erzähler fuhr fort:

Eine Weile war's still nach diesem Lied,
Dann rief der erste, von Spott durchglüht:
Wie kommst du mir vor?
Hat dich Amor am Ohr?
Collega du,
O helf' ihm doch, o große Noth!
Der ärmste liebt und härmt sich todt.

Der zweite machte eine Grimasse und sprach:
Was ich ihm sagen kann, ist nicht viel.
Die Liebe ist ein Trauerspiel,
Mit Narrheit wundersam gepaart,
Eine Komödie von solcher Art,
Wie der Marder den Mörder im Taubenhaus spielt,
Wie die Katze den Liebhaber einer Maus spielt.

Da rief der erste:
Hopsa, mein Held! bist du auch in Schwermuth?
Deine Worte sind ja der wahre Wermuth.
Wie kann man so pudelnärrisch sein?
Ich sage nein,
Liebe ist lieblicher denn Wein.
        Die sind es eben, die Weisheit üben,
        Nur die leben, die da lieben.
Mit dem Spruch bin ich heiter geblieben bislang.
Und so will ich weiter lieben mein Leben lang.

Und darauf der zweite sprach:
Bist doch noch ein kindischer Ritter,
Kennst nicht den Spruch: das Weib ist bitter.

Geh' in die Schule, lieber Junge,
Lerne da,
Vielleicht singst du auch Halleluja.
Gott segne deine Studia!
Dabei legt er die Hände ihm auf den Kopf;
Der aber, nicht faul, faßt jenen am Schopf,
Und — so schnell Einer zieht ein Schwert aus der Scheide,
Prügeln sich beide.

In diesem Augenblick fuhr von der Thür' heran
Ein Mann,
Ergriff die Laute von der Bank und mit klingendem Getos
Schlug er auf die sich Prügelnden los
Mit ritsch und ratsch,
Mit klitsch und klatsch,
Daß die beiden auseinanderstoben im Hui und im Nu,
Und der dritte sah ganz erschrocken zu. —

Das war der Lehrer
Der Prügelbescherer,
Der seit den letzten Worten in der Thür' thät stehn,
Von den dreien im Zimmer ungesehn.
Der wischte sich jetzt, vom Schlagen noch heiß,
Mit dem Aermel aus der Stirn den Schweiß,
Dann
Holte er tief Athem und begann:

O ich armer, geschlagener Mann!
Kaum kann man drehen von hier den Rücken,
So muß man sehen neue Tücken.

Ihr Buben!
Ihr Beelzebuben!
Was war's denn nun? was fuhr euch wieder
In die Glieder,
Daß ihr euch hier die Hälse brecht?
Thut auf das Maul, redet, sprecht!

Da fingen sie beide zugleich an,
Und jeder beschuldigte jeden.

Der Lehrer aber rief:
Still, ihr Schlingel! wer heißt euch reden?
Wie, über die Liebe fragt ihr euch,
Und darüber schlagt ihr euch? —
O ich armer geschlagener Mann!
Mit solchen Buben was fängt man an?

Ob ihr's nun nicht verdienet habt,
Daß ihr heut mit was anderm werdet begabt,
Als daß man euch mit Prügel labt,
So sag' ich doch jetzt: freuet euch.
Und abermal sage ich: freuet euch.
Höret zu, was euch soll frommen.
Ihr habt gewißlich schon vernommen,
Daß demnächst in die Stadt wird kommen
Vom Süden her ein fürstliches Brautpaar.
Nicht? so thu ich's euch jetzt verlautbar.
Sie sollen von der Stadt mit Festlichkeit
Empfangen werden in Köstlichkeit,
Dazu ihr drei auserſehen ſeid

Beizutragen; so macht euch bereit
Zu guter Zeit.
Es wird aber ein Vetter der Braut mit ziehen ein,
Ein Bischof, der erfüllet den Spruch gar fein:
Ihre Heiligen sollen fröhlich sein.
Es ist einer, der da liebt Scherz und Tand
Und dabei giebt mit Herz und Hand,
Vor dem zuerst sollt ihr beide, ihr Rangen,
In einem lustigen Wettkampf prangen,
Mit einem Narrengespräch
Von echtem Gepräg',
Mit einem komischen Tournier,
Davon ich ein Mehres euch sage hier:

Als Aufrichter und Niedermacher,
Als Fürsprecher und Widersacher,
Mit Rede und Gegenrede,
Mit Fehde und Gegenfehde
Sollt ihr mir fest im Kampf stehn beede.
Von diesen Kampfregeln aber haltet mir jede:

Um die Wahrheit sollt ihr mir nicht herumgehn
Und mit Schmeichelworten sollt ihr nicht umgehn;
Aber immer sei eure Rede, die scharfe,
Ein Saitenklang von einer Harfe. —
Pflüget ein Neues
Und säet nicht unter die Hecken
Und laßt euch vom richtigen Wege nicht schrecken.
Löschet nicht, was schon erloschen
Und dreschet nicht, was schon abgedroschen.

Nicht auf Gräber sollt euren Sitz ihr setzen,
Nur am Lebendigen sollt euren Witz ihr wetzen,
Allen Verständigen zum Ergötzen.
Jach und gelinde,
Gemach und geschwinde
Sollt ihr segeln bei gutem und schlechtem Winde.
Seid nicht zu plump und grabheraus;
Nur ein Tölpel fällt mit der Thür' ins Haus,
Und schüttet Alles auf einmal aus.
Dies Gleichniß merkt euch für den Witz:
Was ist schneller als der Blitz,
Und doch durchläuft er seine Pfade
Im Zickzack und nicht gerade.
Ging' er grabewegs so eilig,
Würd' er langweilig.

Von seltenen Sprüchen werd' euer Schatz nie leer;
Denn der Weise theilt aus und hat immer mehr,
Der Thor aber karget und wird immer ärmer.
Thut kund vor aller Welt euer Thorheitsbekenntniß
Und eures Narrenthums Eingeständniß,
Und doch muß euer Narrengespräch
Reich sein an Weisheit so,
Als ob da spräche frei und froh
Die Königin Saba mit Salomo.
Es entbehre der kostbaren Früchte nimmer;
Von diesen aber gebet, weil doch immer
Für die einen ist verloren, was die andern haben gern,
Die Schaalen für die Thoren, für die Klugen den Kern.
Den Närrischen muß es bloß Klingklang bedeuten,

In Wahrheit aber ein Glockenläuten,
Das zum Gebet die Gedanken ruft der Gescheuten. —

An Fülle des Klanges sei euer Werk
Ein blitzendes, flimmerndes Feuerwerk,
Wo die Reime als strahlende Sterne sich zeigen
Und die Witze auf als Raketen steigen,
Daß alle Umstehenden euer Lob posaunen,
Und alle es Sehenden stehen nnd staunen.
Aber habt mir wohl Acht, daß euer jeder Witz,
So scharf wie spitz,
Sei zu etwas nütz;
Und so das Ganze sei vielhaltig,
Vielgestaltig
Und mannigfaltig,
Im Aeußern bunt,
Im Innern gesund,
An Gedanken blühend
Und Funken sprühend
Und beredt und behende
Von Anfang bis Ende.

Doch nun lasset mich euch noch ein Wörtlein sagen,
Das sollt ihr tief im Herzen tragen.
Sehet ich habe euch aufgeschlossen klar und hell
Der deutschen Sprachkunst Wunderquell,
Daß ihr nun daraus könnt schöpfen mit vollen Krügen
Und trinken daraus in vollen Zügen.
Aber ihr sollt mir davon keinen Mißbrauch machen,
Sondern nur einen Nießbrauch machen,

Um die bittere Wahrheit süß zu machen,
Und den Hörern zur Freude, zum Jubel und Lachen.
Ich kann zu euch sagen was ein Sprüchlein spricht:
Gold und Silber hab' ich nicht,
Was ich aber habe, das gab ich euch.
Bewahret es wohl, so seid ihr reich,
So habet ihr einen Hochgenuß,
Den der höchste im Land' euch neiden muß. —

Darauf wandte er sich also dem dritten zu:
Aber du,
Der sich selbst hält für auserlesen,
Dessen Lehrer ich nicht gewesen,
Du Träumer!
Du Säumer!
Was sinnst du?
Was spinnst du?
Und was beginnst du?
Ueber welch Räthsel denkst du nach?
Liegst du brach,
So will ich Aussaat stecken in deinen Acker,
Schläfst du, so will ich dich wecken wacker.

Der sah ihn an. —

Der Lehrer wandte die Augen ab
Und fuhr fort.
Hör' dies Wort:
Willst du in der Dichtkunst sein ein Prinz,
Und nicht wie die andern ein Kunz und Hinz,

Deinen Voraus-Anspruch verbanne ihn,
Hier ist der Bogen, spanne ihn.
Wirst du treffen, so wollen wir glauben
Und werden dir deinen Ruhm nicht rauben.
Horch aber auf,
Es steht dir ein hoher Preis zu Kauf.
Wenn da wird zu schau'n sein und zu sehn
Welches ist herrlich, köstlich, lieblich und schön,
Wenn das Volk einem Erwählten wird entgegengehn
Mit Pauken, mit Freuden und mit Geigen,
Dann sollst du dich zeigen
Mit einem Lied, das loben soll des Spruches Wahl:
Wie ein Rubin in seinem Golde leuchtet,
Also ziert ein Gesang das Mahl.
Für die Ausführung geb' ich dir dies Vermächtniß,
Präg' es tief in dein Gedächtniß:

Was dein Gemüth erfüllt, das klage.
Was aus deinem Herzen quillt, das sage.
Sing' mir und bring' mir aber kein Gedicht,
Das Unsinn spricht,
Und kein pathetisches Gejohle,
Wo Metropole
Sich reimt auf Sohle;
Sondern echt und gewichtig,
Recht und richtig
Muß dein Sang sein und nicht nichtig,
Der Gottesodem muß darinnen wehn,
Und jede Zeile muß zum Ganzen stehn
Als wie im Weizenfeld ein gefüllter Halm,

Als wie im Psalter ein Psalm,
Und das Ganze muß sein ein Vorwärtsstoß,
Eine neue Welt bergend in seinem Schoß,
In Form, in Inhalt tadellos
Und an Adel groß,
Trostreich tief, klar und klingend,
Wahr und gleich in's Herze dringend,
So wird nachhaltig
Seine Wirkung sein und gewaltig.
Und was du so willst sagen,
Es ist dir schon vorgesagt von der Natur,
Find' es nur. —

Dann faltete er seine Hände und betete andächtig,
Seufzend aus tiefstem Innern und mächtig:
O du himmlischer Vater, und all ihr Heiligen!
O wollet euch gnädig an dem Werke betheiligen
Und lasset doch die verdammten Rangen
Einmal zu etwas Gutem gelangen,
Davon auch für uns was her sich schreib'
Und übrig bleib',
Auf daß man die Sorgen von sich treib'
Und stärken könne seinen sündigen Leib.

Vor allen Dingen aber bitt' ich dich, Herr, befrei' uns
Vor dem phrasensprühenden Gottseibeiuns,
Der da ist hungrig bei uns gestern wie heute,
Der da frißt Vieh und Volk und Land und Leute
Mit Disteln und mit Dörnern,
Mit Haut und Haar und Hörnern.

Wolleſt du doch bald mit ſeinem heut lebenden ganzen
Pack von berühmten Namen und Schranzen
Einen gedeihlichen Kehraus tanzen,
Oder uns in Gnaden das Amt gewähren,
Mit gutem Beſen ſie auszukehren.
Du ſollſt ſehen,
Wir wollen den Stil umdrehen
Und ſie ſo unterkriegen,
Daß die Stücke von ihnen fliegen,
Daß ſie ſchrei'n ſollen Zeter und Mordio,
Drob werden ſein die Engel im Himmel froh,
Denn ſo nur werden wir los den Fluch
Und den faulen Geruch .
Und den Betrug,
Mit dem ſie das Land durchpeſtet genug.
Sie hängen ja zuſammen mit ihren Weihrauchketten
Wie die Kletten,
Thut man ſich nur an ſie heranbewegen,
Schlägt einem gleich ſolch Qualm entgegen,
Daß man mit zugehalt'ner Naſe muß eilen davon
Als wie aus Sodom und Babylon.
Wie lange noch ſollen wir uns gedulden,
Ihnen heimzuzahlen ihre Schulden?
Sieht man die Verblendung, die ſie führen herbei,
Es frißt einem ſchier das Herz entzwei,
Und der trotzigſte Mann muß ſchluchzen und weinen,
Als wie man ein Erz ſchmilzt aus Steinen.

So ſprach er und ging.

Und Thränen rannen ihm wie er sprach,
Und alle drei sahen ihm verwundert nach.

———

Der Erzähler schwieg. —

Da erhob sich im Saal ein Gesumm und Gesause,
Ein Gebrumm und Gebrause
Wie bei den Schulkindern in der Pause.
Ein Jeder zischelte dem Nachbar leis
Sein Urtheil zu, so Tadel wie Preis,
Der Schah auf dem Throne sinnend saß
Und schier weiter zu rauchen vergaß. —

Und es war Dämmerung geworden innen.
Eine Schaar von Dienern und Dienerinnen
Eilten geschäftig und zündeten dann
Die krystallenen Kronleuchter an.

Wie die Kerzen im Saale niederstrahlen
Und in allen Spiegeln ihr Flammenbild malen,
Da ward Thee umhergereicht und Scherbet in Schaalen.
Der Erzähler aber, wie er schlürfte den Trank,
Ließ seinen Blick streifen den Saal entlang,
Bis er haften blieb auf der Wandmalerei,
Wo Schah Abbas empfängt Abdul-Mumin-Bey,
Wo sich ein glänzendes Bild des Hofstaats breitet,
Und der Narr auf einem Höfling reitet. —

4

Dann in die Vorhalle zurück
Ging sein Blick,
Wo er dem Murmeln der Springbrunnen lauscht,
Das leis wie ein Regen rieselt und rauscht.
Und dazwischen
Hört' er's tönen aus den Gartenbüschen,
Wo Vogelstimmen klangen
Und süße Sänger sangen,
Und durch die Fenster drangen der Nachtigall Klagen,
Auf den Wogen des Wohllauts hereingetragen.

Der Schah auch trank und nickte dann,
Und der Erzähler den Faden weiter spann.

IV.

Das Narrengespräch.

`

4*

Es war im März ein Frühlingswintertag,
Und überall hart der Schnee noch lag,
Da quoll es in der Stadt herfür und hervor
Aus Thür und Thor,
Und seit morgens fruh
Ergoß sich ein Menschenstrom nach Westen zu.

Dort vor dem Weichbild bald
Begann ein hoher, dichter Wald,
Und die Allee, die durch ihn führt,
War heute geschmückt und ausgeziert
Mit bunten Flaggenstangen, die sich verbanden
Längs und quer durch Fichtenguirlanden.
Dort aber, wo höher die Flaggen ragen,
War ein Rondell mit Sitzbänken aufgeschlagen
In einem Halbkreis, bunt ausstaffirt
Und austapeziert
Mit Wappen und Schildern und Draperien
Und Sinnbildern und Spruchphantasieen.

Schon stand hier
Die Allee entlang ein Menschenspalier

Und vor dem Rondell in dichtem Gedränge
Eine unzählige Menschenmenge.
Sie harrten seit morgens mit Ausdauer friedlich,
Im Warten geduldig und unermüdlich;
Denn es waren überneugierig die Leute
Damals gerade so wie heute.

Auf dem Rondell allmählig füllten sich
Die Plätze fraulich und männiglich.
Zur Rechten waren zu schauen fein
Holde Frauen und Mägdelein,
Zur Linken die Werkmänner, in der Mitte der Rath,
Der kam zuletzt. — Es war schon spat,
Als endlich durch die Lüfte drang
Ein Trompetenbegrüßungsklang,
Von der Menge empfangen mit lautem ah!
Denn der geschah,
Das Erscheinen des Bischofs anzuzeigen:
Und schon sah man ihn die Tribüne aufsteigen
Und den Rath und die Frauen vor ihm sich neigen.
Es war,
Wie man alsbald murmelt und spricht,
Und sich im Volke verhehlte nicht,
Ein Mann von Gewicht
Mit rundglänzendem Angesicht,
Das herniedersah wie ein Vollmondlicht.

Wie er nun vorn im Rathe niedersaß
Und allmählig ward Ruh,
Da winkte er einem Trompeter zu;

Der gab ein Zeichen mit hellem Trara.

Da —
Lustig wie ein Feuer im Kamine knattert,
Und wie im Wind' eine Fahne flattert,
Risch und frisch
Wie im Wasser ein Fisch,
Wie ein Vogel im Gebüsch,
So kamen zwei Reiter, die Zügel verhängt,
Auf der harten Allee heraufgesprengt,
Im Galopp ein Fuchs, im Galopp ein Schimmel,
Mit Jubel begrüßt von dem Menschengewimmel.
Zum Rondell galoppirt in vollem Lauf,
Stellten sie gegen einander sich auf,
Grüßten fein zu dem Rath und dem Bischof hinauf
Und grüßten munter
Zum ganzen Publikum hinunter.

Wie man sie aber näher erschaut und gewahrt,
Da erschienen sie ganz wunderlicher Art.

Der auf dem Schimmel trug ein streif'ges Gewand,
Das schwarz, weiß und roth mit einander verband,
Auf der linken Brust,
Als Orden von verschiedenen Rängen,
Hatte er drei todte Spatzen hängen,
Aber sein Haupt
War ganz von künstlichem Wein umlaubt.

Sein Gegner diesen Anblick bot:

War von Kopf bis Füßen feuerroth.
Mitten auf der Brust drei goldene Sterne
Leuchteten ihm schon von ferne,
Auf dem Kopf aber trug der Gesell
Ein natürliches Bärenfell. —
Dazu jeder von beiden schwenkte stolz
In der Hand eine Pritsche von klatschendem Holz.

Und jetzt der rothe den Kampf anbrach
Und zum schimmelgestreiften also sprach:

Wohledler Ritter mit Rappen und Speer,
Mit Wappen und Wehr,
Wo kommt ihr her?

Drauf jener öffnete den Mund
Und mit heller Stimme Rede stund:

So gesegnet wie mein Land,
Das Rheinland,
Das Weinland,
Ist kein Land!
Ich bin aus dem Bann von Bonn zu Haus,
Auf den goldigen Bergen dort kenn' ich mich aus,
Und meine Wiege stand neben dem Wein,
War rings umglänzt vom Sonnenschein. —
So laß mich nach deiner Herkunft fragen.
Was kannst du mir dagegen sagen?

Und der rothe, ruhig und gelassen,
Antwortete folgendermaßen:

Wo meine Wiege stand, weiß ich kaum,
Kann mich nicht besinnen auf den Raum,
War es ein düsterer oder ein heller,
War es unterm Dach oder war es im Keller.
Nur so viel weiß ich, es war in Berlin,
Und mit dem Bewußtsein sag' ich kühn:
Ob du auch wenig Schönheit findest hier,
Deine Heimat gehört ja mir:
Um so viel meiner mithin kommt zu,
Bin ich also immer noch reicher als du. —
Jetzt aber sag' mir an,
Was bist du für ein Mann?
Welch Weges streifst du?
Welch Liedlein pfeifst du?
Von mir will ich's dir also sagen:
In trüben Tagen
Ohne Zagen
Aller Welt entgegenschlagen
Und just das Allerfeckste wagen,
Das wird bei mir sein gang und gebe
So lang' ich lebe.

Darauf der Bonner also sprach:

Wohl jauchzten die Kinder Israel und sangen Hosianna,
Als sie endlich in der Wüste gefunden das Manna;
Aber vorher ließen sie das Singen sein bleiben,
Und nicht anders kann ich es treiben.
Wenn mein Gemüth murrt, kann mein Lied nicht klingen,
Wenn mein Magen knurrt, kann mein Mund nicht singen.

Ich bin einer,
Der bei dem Vollen lieber blieb,
Als bei dem, was überblieb.
Wie der Waldmeister lieblichen Duft nur sprüht,
Wenn er vom Weine glüht,
So auch klinget beim Wein mein Lied;
Aber wie wenn im Regen die Amsel
Aufschüttelt ihr flockiges Wamsel
Und ihr Schnäblein unter den Flügel steckt,
So warm geduckt und warm gedeckt
Muß mein Haupt sein, wenn Stürme kommen,
Anders kann mein Gesang nicht frommen.
Darum bei einem hohen Herrn
Da weil' ich gern,
Zu dem will ich sagen: o Herr, sieh her!
Mein Becher und mein Beutel sind beide leer.
Wirst du sie nicht füllen, muß mich Finsterniß umnachten,
Wirst du den Durst nicht stillen, so muß ich verschmachten.
Ich schätze aber auch den Spruch nicht wenig:
Wer lieblich redet, deß Freund ist der König.
Dann stehet er da auf der Höhe,
Unberührt von der Sorgen Ach und Wehe,
In reinerem Klang kann da sein Sang ertönen
Zu allem Lieblichen, allem Schönen,
Und wie ein Gott von seinem Himmel
Schaut er herab auf alles niedere Gewimmel.

Da klatschten Viele Beifall; von den Frauen jede. —
Und der Berliner hub so an die Gegenrede:

Es giebt Hähne, die auf dem Haushof krähn,
Und Hähne, die auf dem Dach sich drehn.
Der eine zu seinem Vergnügen kräht,
Der andere, weil der Wind ihn dreht.
Der eine steht unten, der andere oben,
Wen von beiden willst du loben?
Den einen nenn' ich einen Götterhahn,
Der andere ist nur ein Wetterhahn. —

Ein Beifallssturm erscholl bei diesem Wort.
Und er fuhr fort:
Bläst der Wind nach Osten,
Muß er sich dreh'n nach Osten,
Bläst er nordwärts, kann er nordwärts verrosten. —
Also du suchst einen hohen Herrn?
Ihn dir zu mißgönnen liegt mir fern.
Siehe Saul zog aus,
Suchte zwei Esel und fand ein Königreich;
Warum solltest du auch dein Glück nicht gründen?
Warum solltest du was du suchst nicht finden?
Willst du ein Hofpoetlein werden?
Der Himmel segne dein Streben auf Erden.
Ich glaub' es freilich, es ist ihr Amt
In den schönsten Annehmlichkeiten verdammt,
Behaglich wie einer Katze Schnurren
Und lieblich wie des Taubers Gurren
So angenehm wie Geld in der Truhe
Und so bequem wie Morgenschuhe.
Sie gehn so stolz daher in ihrem Narrenkleid,
Mit Kreuzlein behängt und Ordensgeschmeid;

Aber ein Gesunder hohnlacht
Ihrer Ohnmacht
Und ihrer ekeln Unmannbarkeit;
Denn ein kräftiges Wort zur rechten Zeit,
Das stünde ihnen ja so stattlich zu Leibe
Wie ein Schnurrbart dem Weibe.
Sie bleiben immerdar so erbaulich, beschaulich,
Loben und erheben ihre Zeit gar graulich,
Besingen ihre Götzen ergötzlich,
Entsetzlich,
Bewedeln die Edeln so süßlich,
Ersprießlich,
Oder auch sie werden zu singen verdrießlich
Und kümmern sich schließlich
Mehr um Mosen und die Propheten,
Als um die Musen und die Poeten.

Lachen und Beifall rings erklang.
Und der Bonner dagegen sang:

Du kriegst mit Gegnern, die du dir geschaffen
Und siegst mit ungeschliff'nen Waffen;
Aber dein Krieg erliegt
Und dein Sieg versiegt.
Dein Schelten ist Schein,
Wer verständig ist, sieht es ein.
Statt glücklich zu sein über glückliche Saat,
Verlangst du, zu betreten den Dornenpfad.
Auszujäten was faul ist im Staat?
Leicht ist der Rath,

Schwer die That.
Wer sie will verrichten,
Muß auf jede Freude verzichten.
Soll ich etwa Verdammungsurtheile singen
Und von allen mit Unrecht geschehenen Dingen
An die rechte Stelle Kunde bringen?
Ein warmer Auftrag, ein heiß Geheiß,
An dem man den Mund verbrennt, eh' man's weiß.
Meinst du, ich werde mich machen auf die Sohlen
Und die Kastanien für dich aus den Kohlen holen? —
Und dein Angriff thut des Guten zu viel
Und dein Bogen schießt über das Ziel.
Giebt's nicht in unsern Landen zur Zeit
Männer, die wacker gestanden im Streit?
Ist nicht von ihren Zungen
Manch freiheitliches Lied erklungen?

Da rief der Berliner:

Wetterwend'sch
Ist der Mensch!
Unter hunderten findet sich einer kaum,
Der Wurzeln hat wie ein Eichenbaum.
Ich weiß wohl, welche du meinst,
Sie gehörten zu den Bessern einst;
Aber da sie nicht anders sich zu helfen wußten,
Als daß sie mitheulen mit den Wölfen mußten,
Anstatt die Lüge auszuroden,
Nun sind sie auch verdorben in Grund und Boden.
Sie glitzern noch immer

In falschem Schimmer,
Und daß sie längst todt sind, merken sie nimmer. —
Wer zu seinen gutem Glücke
Fern ist geblieben ihrer Klique,
Auf sich selber vertrauend in allem Leid,
Keinen Herrn über sich als die Zeit,
Und von ihrem fein berühmten Führerstab
Keinen kennend, der ihm zu lernen gab,
Der schaut nun lachend auf sie herab,
Spielt mit ihrem Angstgeschrei
Und fühlt sich stark und frisch und frei
Wie auf dem wilden Meer die Möve,
Wie in der Wüste ein freudiger Löwe.

Der Bonner erwiderte und sprach:

Ja da gehörst du hin
Mit solchem Sinn,
In die Wüste, wo Niemand weilet,
In die Einöde, da es heulet.
Bist du auch einer von jenen bösen?
Ihr wüstes, wildes Wesen
Wird uns vom Banne nicht erlösen.
Roh und ungeschlacht sind sie alle,
Ihre Trauben sind Galle,
Sie haben bittere Beeren
Und können der Welt weder Trost gewähren
Noch Gutes gebähren.
Sie sind wie ein Wild,
Das irre gegangen heult und brüllt.

Das sind die für den Geist der Schönheit taugen
Wie der Rauch für den Augen.
Wie wenn im Wald in der Frühlingsnacht
Bei des Monblichts Pracht
Der Vogel flötet goldenen Klanges,
Vor dem sich beugen alle Töchter des Gesanges,
Und Blumen und Bäume schönheitstrunken
Sind andächtig in stillem Schweigen versunken,
Da im Nu — hu!
Rauschte daher ein Uhu
Mit unheilbringendem Gesaus,
Und alles Schöne ist aus, —
So kommen sie daher ungestüm
Wie ein Ungethüm,
Kennen keine Schönheit, keine Zierde,
Haben nichts als wilde Begierde,
Und was wir bisher zu unserm Ruhme
Still verwahrt hielten im Heiligthume,·
Sie wollen's aufessen mit Kruste und Krume.

Manch Beifallklatschen erscholl ringsum.
Und es sprach der Berliner wiederum:

So billig sind deine Räthsel
Wie beim Bäcker die Brätzel.
Deiner Worte Sinn ist mir klar,
Doch was du darin thust offenbar,
Das ist im tiefsten Grunde nicht wahr.
Sage mir vor Allem, kein Heiliger
Ist der nicht besser als ein Scheinheiliger? —

Der Lüge und der Heuchelei
Der tret' ich kühn den Kopf entzwei,
Oder ich reiße ihr mindestens munter
Die Maske von dem Gesicht herunter.
Dein Hohlspiegel wird mich nicht schrecken.
Du willst vertuschen, so will ich aufdecken,
Du willst einlullen, ich will wecken.
Ist es nicht hoch und hehr und schön und groß,
Zu lehren,
Die da sind niedrig und elend und blind und bloß?
Ihnen die Augen aufzuthun?
So woll'n wir darin nicht rasten noch ruhn.
Und stehn wir auch wie in der Wüste allein,
Und ist auch der Anfang noch winzig und klein,
Wir dürfen und wollen nicht muthlos sein.
Lieber weinend gesät und lachend gemäht
Als feig abwarten, bis Beides zu spät,
Und was winzig war, wächst ungeheuer,
Aus Funken wird Feuer.

Der Bonner fiel ein:

Aber das Feuer spricht nicht, es ist genug.
Drum zünd' es nicht an, so bleibst du klug.'
Auch dies laß dir sagen,
Deine Ernte wird wenig Früchte tragen.
Dem Esel sind drei Körner Gerste in dem Magen
Weit lieber als ein Zentner Golds, den er muß tragen.

Ein Murmeln und Murren die Menge durchlief.
Und der Berliner mit erregter Stimme rief:

Wie die abgelebten Gesellen plärr'n,
Mit solcher Weisheit bleib' mir fern!
Das Recht und Wahrheit verkünd' ich gern,
Davor müssen sich beugen die stolzen Herrn.
Die Wahrheit bleibt ewiglich bestehen
Und reichet so weit die Welten gehen!
Dies aber ist Wahrheit:
Von oben herab wird kein Haus gebauet,
Von unten herauf ist es gut gebauet. —
Was ich sagen will, muß ich sagen,
Wer kann Feuer im Busen tragen?
Was bis heut in glänzender Hülle sich barg,
Das ist im tiefsten Innern bös und arg
Und faul bis in's Mark.
Weh dem, der vom gleißenden Schein geblendet
An die Geistesvertreter des Glanzes sich wendet
Und sein wackeres Wort an sie verschwendet,
Er findet bei Taubstummen eh'r
Als bei ihnen Gehör,
Ich will von ihnen nichts wissen mehr.
Wer giebt auch gesunde Kost für kranke Bäuche?
Wer gießt auch Most in alte Schläuche?
Aber es kommt ein Tag der Vergeltung auf Erden,
Noch sind nicht alle zu Bett,
Die eine böse Nacht haben werden!

Ein Beifall von drunten Bahn sich brach.
Der Bonner aber dagegen sprach:

Wenn der Krug auf den Stein fällt,

Der Krug zerschellt.
Wenn der Stein auf den Krug fällt,
Der Krug zerschellt.
Jedesmal zerschellt der Krug,
Und der Stein bleibt heil, der ihn zerschlug.
Drum sieh wohl zu, wohin dein Geist sich wende;
Du weißt wohl den Kampf aber nicht sein Ende,
Wer Gewinner sein wird, wer Verlierer,
Und so bist du ein Blinder der Blinden Führer.
Die da nur sinnen können auf Empörung
Und auf Zerstörung
Und in die Welt wollen bringen Feuer statt Licht,
Aber den Weg des Friedens wissen sie nicht,
Deren Tage müssen einsam bleiben,
Und kein Jauchzen wird darinnen sein,
Und ihre Nacht wird finster sein
Und von Sternen leer! —
An den Rhein will ich gehn, zurück an den Rhein,
Da kann man noch jubeln und fröhlich sein,
Da singen der Poesie die Leute
Nicht wie du ein Grabgeläute;
Ihr Wein ist gut und ihr Muth kein kleiner,
Und ihr Witz bleibt immer noch stärker als deiner!

So rief er,
Und eine Bewegung war auf der Tribüne zu schauen,
Und Beifall klatschten ihm Herren und Frauen.

Und die Menge sah mit besorgtem Sinn
Auf den rothen Berliner hin.

Aber der, —
Haſt du ſchon einmal geſehen,
Wie ein Huhn den Kopf beugt
Und dich von der Seite anſchielt,
Daß du laut auflachen mußt ob der philoſophiſchen
Dummheit,
Die in dem Blicke ſitzt, —
So verſchmitzt
Sah der Berliner den Bonner an,
Und er begann:

Um von dem Ende zu kommen auf den Urſprung,
Machſt du mehr einen Kunſt= als einen Naturſprung.
Einem ſolchen Sprunge kann ich nicht folgen,
Einem ſo komiſchen, einem ſo droll'gen.
Was ich gar nicht geſagt habe, ſchiebſt du mir zu,
Was ich gar nicht gefragt habe, antworteſt du,
Was erſt nicht krank war, das heilſt du ſpäter,
Du biſt mir ein komiſcher Wunderthäter.
Du machſt die Blinden gehend
Und die Lahmen ſehend,
Und du gebrauchſt das Orakel
Wie der Schulmeiſter den Bakel;
Malſt mir da die Zukunft aus
Düſter wie ein Geſpenſterhaus.
Biſt wohl auch einer, deſſen Geſang
Kündet den Weltuntergang?
Ach und Wehe ächzt' er
Und wie eine Krähe krächzt' er
Mit Geheul und Gewinſel,

Ein wahrer Pinsel!
Komme mir mit einem so schwarzen Bild nicht
Du weißt doch, bange machen gilt nicht.

Bist du aber einmal ein Unheilverkünder,
Warum kehrst du dich nicht an die rechten Sünder?
An den Quell, aus dem aller Jammer fließt,
An den Boden, auf dem alles Unkraut sprießt?
Horch wohl auf, was ich dir jetzt sage;
Du triffst wahrlich nicht aller Tage
Einen, der's laut zu sagen wage.

Der Blutegel hat zwei Töchter,
Die heißen: bring' her! bring' her!
Du siehst sie saugen rings umher.
Ihr Schmatzen übertönet das Weltgetümmel,
Und das Geschrei der Gesogenen steigt zum Himmel.
Aber da ist keiner, der darauf will Antwort geben
Und die Hand aufheben,
Daß er das Gezüchte niederschlüge
Mit ihrem Thun und ihrer Heuchellüge.
Deine Prophezeiung voll Nacht und Graus
Warum dehnst du sie nicht auf diese aus?
Sie thuen das Böse
Und haben deß doch nicht Gram und Reu,
Nicht Scham noch Scheu.
Sie treten die Gerechtigkeit unter die Füße
Und essen das Fette und trinken das Süße,
Lassen ihren Wanst an allen Lüsten sich laben,
Und wollen noch guten Frieden dazu haben.

Steht der Gequälte auf und ruft nach Brod,
So schrei'n sie als Antwort: schlagt sie todt!
Was läßt du über die deinen Eifer erkalten?
Du liefest fein, wer hat dich aufgehalten?

Wann sang ich der Poesie ein Grabgeläute?
Aber sage mir, was blühet heute?
Das sind die gezierten Versedrechsler
Und Dintenklexler,
Das sind die widerwärtigen
Immer lieberfertigen,
Die den Erfolg besingen mit Gesangesbündeln,
Und ihr Hauptgeschäft ist das Anhündeln.
Wer thut sich heut auf? wer macht sich groß?
Das sind die,
Deren Devise heißt: charakterlos!
Sie bestehlen in ihren Werken die Franzosen nach Noten
Und rufen dann: wir sind deutsch! wir sind Patrioten!
Die stets im Geleise der Phrase getrabt
Und noch nie einen eig'nen Gedanken gehabt,
Heut sind sie mit allen Gottesgaben begabt.
Und wie es dann alle die Nullen noch wagen,
Sich gegenseitig Lobhudeleien zu sagen,
Das ist nun gleich um drein zu schlagen.
Aber die Herrn Damen lesen es mit Behagen. —

Willst du,
Daß ich dir erst lange das Sprüchlein geige:
Ganz Philisterland ist feige!?
Ihre Erwählten lassen sich traktiren mit Schlägen

Und winseln kaum ein wenig dagegen. —
Vor der Wahrheit Licht warum fliehest du?
Blicke doch um dich, was siehest du?
Ueberall nur Spreu und kein Korn,
Keine Rose und nur Dorn.
Ihre Dichter und Schreiber und Weisen
Sie sind eitel verdorben Erz und Eisen.
Eine neue Zeit kommt heran mit Sausen
Und bewegt das Meer, daß die Wellen brausen.
Aber sie wollen nicht hören des Windes Wehen
Und können mit sehenden Augen nicht sehen,
Und rufen: Friede! Friede!
Und ist doch nicht Friede. —

Dies ist das Pannier, das ich mir erwähle
Von ganzem Herzen, mit ganzer Seele:
Eine junge Welt stegit auf aus Nebel und Dampf.
Mit Jauchzen gehen wir in den Kampf.
Was morsch war, ihr haltet es nimmer!
Was verfault war, stürzt in Trümmer.
Und ich sehe ein Ziel vor mir so groß,
Wer's erreicht, der gewinnt ein Götterloos! —

Da erhob sich ein Sturmgebraus und Getos
Von Beifall ringsum riesengroß.

Und er fuhr fort:
Nun fällt dir mit einmal der Einfall ein,
Der Witz vom Rhein
Soll stärker als der Berliner sein

Und bleibe siegreich vor ihm bestehen;
Das woll'n wir doch gleich einmal sehen.
Dabei sprengte er mit einem Satz ganz nah
An den Bonner heran, und eh' der sich's versah
Und wissen mochte, wie ihm geschah,
Packte er zu und zog mit einem Rucks
Ihn herunter vom Schimmel auf seinen Fuchs
Und hielt den armen
Vor sich fest mit beiden Armen,
Und so ritt er vor dem Rath und dem Bischof vor,
Und Jubel erscholl im ganzen Chor.

Aber mit höflich spöttischem Diener
So zu dem Bischof sprach der Berliner:

Hochwürdiger Herrscher von Papstes Gnaden
Und Helfer für jeden Seelenschaden!
Sieh, wie ich dir hier meinen Bruder bringe,
Mit dem ich zusammen mein Lieblein singe.
Ein gut Theil davon hat er gemacht
Und er hat mir den Sieg gar schwer gemacht.
Siehe aber wir sind verkleidete Narren;
Da doch viele hier vor uns harren,
Die zur Narrengilde beeidet sind
Und als lauter Kluge verkleidet sind.
Du weißt wohl, was ein Sprüchlein spricht:
Die Thoren mögen die Narren nicht,
Die klugen Herrn
Vertragen die Narren gern.
Nun haben wir gehört von Groß und Klein,

Du willst ein gerechter Narrenbischof sein,
Und also bitt' ich
Dich fein und sittig,
Nimm uns unter deines Schutzes Fittich,
Begegne uns gütig auf unsern Wegen
Und segne uns mit deinem Segen.

Der Bischof lachte und wurde ernst hernach,
Und mit lauter Stimme also sprach:

Siehe die Weisheit läßt sich hören auf den Gassen,
Und Niemand achtet ihrer.
An den Thoren bei der Stadt,
Da man zur Thür' eingehet, schreiet sie.
Wo aber die Narren weise reden,
Da, meine ich, muß gut hausen sein.
Die Wahrheit der Narren ist ein köstlich Ding
In einer Zeit,
Wo alle Weisen sind zu Lügnern geworden.
Es rauschet aber, als wollte es sehr regnen.
Und somit segne ich euch beide;
Denn es ist besser,
Daß die Wahrheit gesegnet werde,
Als daß die Schlechtigkeit geheiligt sei.

Drauf hat er Gnade und Heil gewährt
Den beiden Reitern auf einem Pferd
Und gab den Segen, wie sich's gebührt.
Und beide zeigten sich sehr gerührt.
Dann sprengten sie fort

Und wohin sie kamen, überall
Empfing man sie mit Jubelschall.

Der Lehrer aber, der unter den Werkmannen saß,
Ward gelobt ob seiner Schüler im Uebermaß.
Und er sah ihnen nach
Und schluchzend erwiederte er und sprach:

Ja die Rangen!
Mir sind die Thränen aus den Augen gegangen.

V.

Die Verkündigung.

Die Allee entlang
Scholl herauf heller Trompetenklang
Und Trommeln und Pfeifen und Pauken und Zinken,
Und schon sah man Schilder und Speere blinken.

Aber siehe!
Da kam von der Seite heran
Mann für Mann,
Des Handwerks zugleich und der Waffen Kenner,
Mit festem Schritt wie Eisenmänner,
Eine Schaar Gestalten frisch und kühn,
Das war die Schutzwehr der Freistadt Berlin.
Eine rothe Fahne rollte ihr Führer aus,
Drei goldene Sterne blitzten heraus.
Zur Linken, wo die Werkmänner saßen,
Stellten sie sich auf längs der Straßen.
Dort aber, wo der Führer stand mit der Fahne,
War eine Erhöhung gebaut gleich einem Altane.

Und jetzt kam heran der Zug. —
Da gab es zu schau'n und zu gaffen genug.
Bald wimmelt' es hier von Rittern und Knappen
Mit allerlei bunten, gestickten Wappen.

Auch die Prälaten — die ritten auf Rappen —
In ihrem schwarzen Priestergewand
Stellten sich vor der Tribüne Rand,
Dort, wo sich der Rath und der Bischof befand.

Aber auf stolzem Roß alsbald
Erschien eine ragende Rittergestalt
Mit düsterm Antlitz und strengen Mienen,
Ganz gepanzert in Eisenschienen.
Doch ihm zur Seite ritt eine Frauen,
Wunderlieblich anzuschauen,
In aller Reize und Zier Vereinung
So schön wie eine Märchenerscheinung.
Und wie die Menge sie sah,
Da jauchzten Alle auf ringsum,
Und wußten eigentlich nicht warum. —

Wie sie nun allesammt hielten in dem Rondell,
Da trat in schlichtem Kleid ein Gesell
Aus der Menge vor
Und stieg auf den Altan empor.

Und mit einmal war
Alles still rings so wunderbar,
Als ob auch alle Bäume sich neigen
Und lauschen wollten mit ihren Zweigen.
Die Sonne strahlte aus lichter Höh'
Und blitzte funkelnd auf dem Schnee.

Und er sprach,

Und seine Stimme die Menschen ganz durchdrang,
Und Alles athmete auf tief bang
Bei dem noch nie gehörten Klang.

*
* *

Ein freier Bote steh' ich hier und Herold einer freien
Stadt,
Und eine Botschaft künd' ich dir, die mir ein Gott
gegeben hat.

Zum ersten Mal geschieht es heut, auf dieser Erd' zum
ersten Mal,
Daß sich der Mensch auf Erden wird bewußt der ganzen
Menschheit Qual.

Des Unrechts, das die Gier ihm thut und Herrschsucht übt
und der Betrug,
Der ihm die Augen stumpf gemacht, der seinen Geist in
Ketten schlug.

Und die Bewegung, die du schaust, wird unaufhaltsam
weitergehn,
Vor keines Wahnes Machtgebäu, vor keinem Throne
bleibt sie stehn.

Bis aus dem Gramgesicht der Welt das Elend nicht mehr
grausig schaut,
Und bis auf Erden allerwärts ein neuer Menschenfrüh=
ling thaut.

Das ist die Leuchte, die uns führt, sie strahlt in wunder=
barem Glanz,
Und wandelt vor uns her im Streit, bis wir den Sieg
errungen ganz. —

Doch du, der Frauen hohe Zier, so anmuthreich, so schön
und mild,
Im bittern Kampfe, der uns droht, ein liebliches Ver=
söhnungsbild.

O glaube nicht, der niedre Mensch er sei des Sinns
der Schönheit baar.
Was auch der Bosheit Zunge spricht, o glaub' es nicht,
es ist nicht wahr!

Ein tiefes, banges Sehnen zieht, ein Streben auch, ihm
unbewußt,
Nach dem, was göttlich ist und schön, durch des geringsten
Menschen Brust.

Wann abgewaschen von der Zeit das Unrecht sein wird
und die Gier,
Dann blühen Blumen weit und breit in nie geseh'ner
Pracht und Zier.

Dann sprudelt hell der Schönheit Born aus tausend
Quellen wundersam,
Und Sangesweisen werden laut, wie sie bis heut kein
Ohr vernahm.

Die pflanzen fort und ewig fort der Menschheit höchsten
Jubelschrei,
Bis alle Erdenmenschen ihn mitrufen können: wir sind
frei!

Klage.

6*

Der Stein, den die Bauleute verworfen haben,
Der ist zum Eckstein geworden.

Meine Seele verdrießet mein Leben.
Ich will meine Klage erschallen lassen
Und reden von der Betrübniß meiner Seele.
Ein Gott hat mir den Mund geöffnet,
Ich kann nicht stumm sein.
Die Vorsehung hat mir ein Schwert gegeben,
Ich will es gebrauchen.
Darum will ich reden, wer es hören wird,
Dem werden seine beiden Ohren gellen.

Siehst du den Ackersknecht dort?
Auf dem Felde stehet er neben dem Pflug,
Neben Pferd und Rind.
Und er spricht mit dem Rind,
Und das Thier dreht sich um
Und brüllt
Und glotzt ihn an.
Und er stiert in's Blaue hinein. —
Die Sonne brennt,
So ist ihm heiß.
Der Wind weht kalt,
So friert ihn.
Das ist die Erkenntniß, die man ihm gegeben.
Und er peitscht auf das Pferd

Und er schlägt das Rind;
Aber die Peitsche, die ihm im Nacken sitzt, sieht er nicht,
Und wie er selber geschlagen wird, merkt er nicht,
Und welch ein Menschenleben er dahinlebt,
Das weiß er nimmermehr.

Siehst du die Bergleute dort?
Beim Dämmermorgen aus den Hütten kommen sie,
Und das Grubenlicht blinkt,
Und wenn sie niederfahren, sagen sie glückauf!
Aber auf ihren Gesichtern da wohnt der Gram,
Und in ihren Hütten sieht es jämmerlich aus.
Lebendige Leichen sah ich sie in die Erde steigen,
Lebendige Leichen kamen sie wieder hervor.
Sie können nicht leben
Und wollen doch nicht sterben.
Und ihre Kinder und Enkel müssen sie sehen
Erbarmungslos in dasselbe Elend hineinwandern.

Aber in den Straßen der Stadt,
Darin die Menschen wimmeln,
Wenn du dicht an den Häusern gehest,
Kannst du es hören:
Schlag auf Schlag und spät und früh,
Wie das Herz gehet bei einem Fieberkranken,
So schlägt der Webstuhl
Und fliegt das Schiffchen durch.
Aber auf der Spule ist der Hunger aufgewickelt,
Und der wird hineingewebt
In die glänzenden Zeuge.

In dem Saal,
Wo die Kerzen hell schimmern
Und die seib'nen Gewänder knistern und rauschen,
Da klingt der Reigen,
Und die jungen Gesichter strahlen
Fröhlich vom Tanz.
Und sie setzen sich Paar an Paar
Mit munterem Lachen
Zum schimmernden Mahle nieder,
Und die Pfropfen knallen und die Gläser klingen.
Aber auf das glänzende Gewebe dort fällt mein Blick,
Und daraus hervor grauenhaft
Das Gespenst des Hungers grinst mich an
Ueber den Tisch.

Siehst du das Gebäude dort mit den vielen Fenstern?
Und die hohen Schornsteine ragen
In den blauen Frühlingshimmel hinein?
Drunten,
In den dunst'gen Raum,
Dort, wo der Dampf athmet,
Da spricht der Kessel
Mit zisch und zisch:
Du bist ein Mensch.
Du bist ein Mensch.
Laß dich nicht schinden.
Laß dich nicht schinden.
Aber droben,
In dem staub'gen Saal,
Wo die Spuhlen schwirren

Und die Räder sausen,
Kinder stehen da
Und wickeln hastig
Mit ihren Händchen,
Und wickeln immer
Ohne Ende —
Und sind doch Menschen
Und sind Kinder.

Aber unweit daneben da zittert die Erde
Vom Stoß des Hammers
Und von den eisernen Schlägen,
Und es zischelt und es haspelt und es klopft
Wie tausend Hexengeister.
Es ist Abend, da tönt ein Pfiff
Gellend laut.
Und da kommen sie heraus, trotz'ge Gestalten.
Ihnen blitzen die Augen kühn,
Und ihre kräftige Arme
Möchten wohl einmal auf Anderes schlagen
Als das schuldlose Eisen.

Es geht ein gewaltiger Geisteshauch über die Erde,
Desgleichen auf Erden noch nie ist gespüret worden.
Er wühlet die Wellen auf vom Grund.

Dem Amboß hat es Einer gesagt,
Daß er aus demselben Stoffe gemacht sei
Wie der Hammer,
Und siehe er will nun nicht länger Amboß sein.

Darob ist ein groß Entsetzen gekommen auf die Schläger alle;
Aber die Geschlagenen sind noch nicht besser daran
Denn zuvor.

Wie der Arzt pocht an den Leib des Menschen
Und horcht mit Sorgfalt, daß er ihm sage:
Hier bist du krank,
Und hier bist du schwer krank.
Aber heilen kann ich dich nicht
Und helfen kann ich dir nicht,
So ist die Erkenntniß zu ihnen gekommen
Ihrer Krankheit,
Und ist noch kein Arzt da, der ihnen helfe,
Und ihr Elend ist nicht auszusagen.

Seht doch, wie wunderlich es ihnen gehet.
Sie pflanzen das Land
Und säen die Saaten aus
Und bringen die Ernten ein,
Und dürfen doch der Frucht nicht genießen.
Sie bauen alle Häuser
Und können nirgend wohnen,
Sie machen Alles,
Sie schaffen Alles,
Und sie haben Nichts.
Ein Unrecht geschiehet hier, wer kann es ableugnen?
Ein blutiges Unrecht geschiehet hier,
Wer wird es sühnen?

Der Kaufmann ist mir hochgeachtet,

Der für sich und die Seinen sich quält
In ehrlichem Erwerb.
Ihn schätze ich dem Landmann gleich,
Der den Acker bauet mit schwerer Hand
Und das Gespenst des Hungers abwehrt von dem Menschen.
Aber der Kaufmann ist ja auch elend.
Die Nachbarn lauern auf seinen Untergang;
Einer jagt den andern, daß er ihn verderbe.
Es ist ein Grauen mit anzusehn.

Und dazu müssen meine Augen sehen,
Wie das Blutsaugerthum schamlos waltet im Lande,
Und ist keine Schranke da, die ihnen Einhalt thut,
Und kein Richter auf Erden, der sie strafe.
Und die sich brüsten, die Ersten im Lande zu sein,
Und sich einbilden, anders geboren zu sein
Als alle andern Menschen —
Das doch eine Beschimpfung der Menschenwürde ist
Und eine Lüge im Angesicht der Wahrheit
Und ein Kinderspott vor der ganzen Welt —
Die sind mitten darunter.
Und sie thun sich zusammen zu ganzen Banden
Und fallen das Volk bei hellem lichten Tage an,
Daß sie es ausplündern.
Und dann lachen sie noch in sich hinein
Und rufen: das sind die Dummen!
Da es doch bloß die Unwissenden sind
Und die nicht sehen können.
Als ob es denn ein groß Werk sei und ein köstlich Ding,
Einen Blinden in den Graben zu stoßen,

Oder ein Kind anzulocken und auszurauben.
Und Viele, die ein Amt hatten zum Nutzen ihrer Mit-
                                              menschen,
Und das Amt war voll Mühe und Arbeit,
Die lassen ihr Amt und laufen jenen nach,
Damit sie auch mit Gier mögen Gold einscharren
Ohne Mühe und ohne Arbeit.
Und dafür tausend Elende müssen noch elender sein
Und noch mehr gequält und noch mehr geschunden.

Ich will meine Stimme erheben
Und rufen, daß man es weit höre:
Wer nicht arbeitet, der soll nicht leben!
Der Geist, der heut herrscht, ist eine Schmach den Menschen
Und eine tiefe Schande den Völkern!
Sein Gift frißt um sich wie der Krebs.

Sie haben sich steinerne Paläste gebaut,
Aber aus allen Ecken pfeift der Betrug heraus.
Wenn der Arbeitsmann vorbeigeht,
Er weiß nicht warum, aber er ballt die Hand zur Faust.

Auf seinen Aeckern da geht der Bauer
Und stöhnet hinter dem Pfluge her.
Es ist nicht die Arbeit, die ihn stöhnen macht,
Denn sie war sonst seine Lust gewesen.
Aber die Halme, die er mähen wird,
Sie sind nicht mehr sein,
Und sein Haus, darinnen seine Eltern gewohnt,
Er wird es bald verlassen.

Frage doch die Vögel unter dem Himmel,
Die werden dir's sagen.

Und haben sich öffentliche Blätter gemacht,
Die sprechen von Allem, was nicht ist
Und was nicht gewesen ist.
Aber was gerecht ist, das reden sie nicht,
Und was noth thut, das sagen sie nicht.
Nach Gewicht steht da das Talent zu Kauf,
Und talentvoll und gewissenlos
Ist bei ihnen einundbasselbe geworden.
Darum sind sie mit Grund gehaßt und gering geachtet.
Sie haben den Satz aufgestellt:
Das Geld ist das Maaß aller Dinge,
Und wenn sie schreiben, handeln sie darnach.
Sie starren von Unwissenheit.
Sie vernichten das Denken,
Das höchste Gut des Menschen,
Und sie machen stumpfsinnig, anstatt zu belehren.
Und rühmen sich dessen mit Heuchellügen
Und nennen ihr Geldgeschäft
Eine Geisteswohlthat für das Volk.

Sie haben einen feinen Teppich über den Sumpf ge=
                                                breitet
Und sehen wohl zu, daß nichts durchdringe.
Kinder schreiben darin,
Und Närrische müssen die Welt regieren.
Das Schlagwort ist ihre Angriffswaffe
Und die Phrasen sind ihr tägliches Brot.

Die Phrase aber ist der Betrug mit Worten,
Und das Schlagwörterthum
Der Mißbrauch gerechter Worte.

Wer gewohnt ist, mit klaren Blicken um sich zu schau'n,
Wer sich den schlichten Verstand nicht mag verrücken lassen
Und wer seine Sprache liebt, das edelste Geschenk,
Das dem Menschen ein Gott gegeben,
Der steht vor der Phrase
Wie vor den Schnalzlauten,
Die die Wilden in Afrika sprechen.
Ein Gemisch von Schallwellen schlägt an sein Ohr,
Er hört Laute und weiß keinen Sinn;
Wie Seifenblasen
Blähen sich die bunten Worte auf,
Und wenn sie geplatzt sind,
So ist darinnen das pure Nichts.
Aber dichtgedrängt stehen die Hörer umher
Und klatschen rasenden Beifall.
Und sein Gemüth wird von Trauer erfüllt,
Und ein unendlicher Ekel ergreift ihn.

Aber die Dichter, die heut leben,
Haben sie denn Augen, um nicht zu sehn?
Haben sie denn einen Mund, um nicht zu sprechen?
Ach! die besten von ihnen sind gar alt geworden.
Sie haben sich zurückgezogen in gerechtem Groll
Und schreiben nicht mehr,
Und die noch schreiben sind nicht die besten.
Da ist keiner,

Der mit Ernst die Wahrheit möchte verkünden,
Ob schon die Spatzen auf den Dächern davon reden.
Da ist keiner, der das Schwert ergreift,
Das blitzende, scharfe Schwert,
Ein Lied zu singen zur rechten Zeit
Mit klingender Form,
Aber im Inhalt schonungslos, rücksichtslos.
Die Poesie ist zum Gewerbe geworden.
Wer am meisten bezahlt bekommt,
Ist unter ihnen der größte Dichter.
Was todt und begraben ist,
Dagegen kämpfen sie,
Und was keinem am Herzen liegt,
Das bringen sie vor.
Mit Stroh gehen sie schwanger
Und Stoppeln gebären sie.
Einen Stecknadelknopf Gold
Walzen sie zu einem bändigen Romane aus,
Und sie schläfern lieber die Gedanken der Menschen ein,
Statt neue zu wecken. —
Wüst und öde sieht es auf der Bühne aus,
Und ich habe Beifall klatschen sehn solchem Schund,
Daß ich nicht wußte, ob ich unter Irren war
Oder in Gemeinschaft vernunftbegabter Menschen.
Und sie nennen sich selber Epigonen.

Wohl hat es Heroen in unserer Dichtkunst gegeben;
Aber im Staub vor ihnen zu liegen
Und im Gefühl der eig'nen Ohnmacht anzubeten,
Das ist Sklaven=Art.

Nicht also gebietet der Genius,
Sondern mit ernstem Munde spricht er:
Liebend sollst du dein Haupt vor ihnen beugen
Und dich freuen in deinem Herzen,
Daß du solche Vorbilder hast.
Aber mit stolzem Aufblick als ein freier Mann
Sollst du dir selber sagen:
Das Höchste in der Poesie aller Zeiten ist nicht so hoch,
Daß mir von Anfang verboten wär',
Es zu erreichen.
Gelingt es nicht,
So wird das Ziel adeln den Versuch
Und ihn bewundernswerth erscheinen lassen
Dort, wo er stehn blieb.

Damals,
Als ich umherging einsam
Und in mir selbst verlassen,
Verstanden von keinem,
Geliebt von keinem,
Und keinen Menschen auf Erden liebend,
Die du mir damals ein neues Leben gegeben
Und eine solche Blüthenfülle von Poesien,
Daß ich oft aufjauchzen mußte
Im tiefsten Elend:

Abbitte.

Der du von deinem Himmel droben
Mit güt'gem Aug' und mildem Lächeln
Der Menschen ungezählte Thorheit schaust,
Verzeihe mir, allgüt'ger Vater!
Verzeih' die Thorheit mir, die ich beging,
Da ich einst sprach: ich will nicht lieben.
Verzeih' die Thorheit mir, die ich begehe nun,
Da ich gestehen muß: ich lieb', ich liebe!
Da alles in mir wiederklingt von Liebe,
Und ich herzkrank und elend
Und doch selig bin durch Liebe.
Wohl ist sie, die ich lieb', von jenen keine,
Die mit ihren Gaben prunkend glänzt,
Und deren Schönheit
Wie ein Rufer unter Trommelschlag
Vorgeht und ausruft:
Kommt, kommt her und huld'get mir!
Die ich verspottet habe tausendmal
Mit deinem Wohlgefallen, Herr,
Die man bewundern mag, doch nimmer lieben.
Nein, die ich liebe, ist von seltner Art,
Ist eine von den Blumen, denen du
Das ewige Geheimniß hast gegeben,
Daß sie mit ihrem Reiz entzücken müssen,
Ganz ihrer eig'nen Schönheit unbewußt,
Und strahlen doch in Blüthenduft und Anmuth.
Ja so ist sie
Von zaubervollem Anmuthduft umflossen,

Von unbewußtem Liebreiz und so schön,
Daß auch, wenn sie zu lieben Thorheit wär',
Du diese schon im Voraus hast vergeben
Daß ob der Thorheit aber, Herr, sie nicht zu lieben,
Du zürnen müßtest für und für.
Und also bin ich fromm
Und liebe sie mit nie geglaubter Gluth,
Und liebe sie mit nie empfund'ner Lust
Und mit dem ganzen Heer von Qual und Plagen,
Das so getreulich einer treuen Liebe folgt,
Als wie ein Bienenschwarm der Königin,
Doch so verschönend folget treuer Liebe,
Als wie der Abendstern dem Mond,
Wann er die stillen, blauen Pfade wandelt.

Winterständchen.

Schnee liegt auf den Gassen weit,
Schnee glänzt von den Dächern wieder.
Voll in Winterherrlichkeit
Strahlt der lichte Mond hernieder,
Strahlt auf's Haus, wo Liebchen ruht,
Wo die Engel halten Hut.
Schlaf süß, mein Lieb, schlaf süß!

7

Deiner Zukunft Rosenbild
Wird durch deine Träume gehen.
Goldig glänzend, wundermild
Wird ein Stern am Himmel stehen,
Den die Liebe sendet dir,
Der dir leuchtet für und für.
Schlaf süß, mein Lieb, schlaf süß!

Horch, der Sturm mit Schneegebraus
Schüttelt sich vor Frostbeschwerde.
Alle Blumen schlummern aus,
Denn der Winter deckt die Erde.
Wachst du auf, wird Frühling sein
Rings um mich durch dich allein.
Schlaf süß, mein Lieb, schlaf süß!

*

*   *

Es war eine Stimme, die sprach zu mir:
Du warst wie ein Kind, aller Thorheiten voll.
Aber mitten darin, du weißt es wohl,
Habe ich dir immer einen Stoß gegeben,
Daß du solltest eingedenk bleiben der Botschaft
Und nicht vergessen des Auftrags.
Siehe nun die Zeit ist gekommen,
So rüttle dich und gehe!
Und ich erbebte tief im Herzen und sprach:
Ich will leben, so laß mich leben!
Aber die Stimme sprach zu mir:

Willst du leben, sieh her,
Ich ziehe heute den Vorhang von deinen Augen,
Durch den du die Menschen siehest,
Und durch den die Andern auf Erden die Menschen sehen.
Und ich sah hin, —
Da erschauderte so mein Gebein,
Daß ich stürzte und schrie:
Halt ein, halt ein! ich will lieber sterben!
Seitdem ist die Freude von mir genommen.
Ich bin wie ein Sieb,
So durchgeschüttelt von Schmerz,
Alles Lustige ist davongeflogen
Und nur die schweren Stücke sind zurückgeblieben.

Es trieb mich hinauf auf die Waldhöhe,
Die am Ufer des Meeres liegt.

Da erhob sich ein Sturmwind vom Meere her,
Ein solcher war noch niemals heraufgekommen.
Und die lustigen Birken zitterten,
Und die Buchen und Tannen rauschten tief auf vor Angst.
Droben aber da stand ein Eichbaum,
Der schien unerschütterlich festgewurzelt.
Lauter Schlingkraut wuchs an ihm
Und blühete üppig auf.
Aber die Blumen zu seinen Füßen hatten keinen Blüthenduft
Und die Vögel aus seinen Zweigen waren alle hinweg-
                                                  geflogen.
Und der Sturmwind raste und faßte ihn
Und hob ihn aus

Und schlug ihn mit seinen Wurzeln um,
Und er barst im Fallen mitten entzwei,
Und siehe er war innerlich ganz morsch und faul gewesen.

Der Sturmwind aber raste noch immer.
Und da stand eine Kiefer hoch und schlank.
Und ich sah sie an,
Und meine Lippen bebten und ich sprach:
Die Eiche ist gefallen, wie soll die Kiefer bestehen bleiben?
Und der Sturmwind faßte sie,
Und sie bog sich hinüber und herüber
Und hielt die Astbüsche vor ihr Angesicht
Und knarrete und ächzte laut,
Wie ein Mann stöhnt in wildem Schmerz.
Aber siehe sie brach nicht.
Und der Sturmwind legte sich
Und hörte auf.

Da wurde es mit einmal helle,
Und die Sonne strahlte voll und ganz.
Da fingen alle Blumen an zu blühen
Und dufteten köstlich rings umher,
Und die Vögel kamen alle wieder
Und sangen herrlicher denn je zuvor.
Und ich drückte mein Antlitz in den Boden nieder
Und schluchzte und weinte lange.

Und ich erhob mich,
Und wandte mein Angesicht dem Meere zu,
Und in mir frohlockte es laut und rief:

Der Mensch ist gut von Anfang an!
Der Mensch ist gut von Anfang an!
Verblendungswahn und Eigengier
Die haben den Menschen zum Zerrbild gemacht
Und zum unmenschlichsten aller Erdenwesen.
Aber die sind ihm nicht von Natur gegeben,
Die sind dem Menschen aufgeprägt durch Gewohnheit!

Es ist finster um mich her und die Blitze zucken,
Und unheimlich der Donner rollt.
Aber ich sehe ein strahlend Licht
Und durch alle Schrecken, die kommen wollen,
Ruf' ich mit heller Stimme hindurch:
Der Mensch ist gut von Anfang an!
Jauchze auf, du Welt, und sei wieder fröhlich!
Es kommt die Zeit und sie ist nahe,
Wo Verblendung weichen wird der Klarheit
Und Eigengier sich wird wandeln in Nächstenliebe.
Es ist ganz finster um mich her,
Und Mitternacht will erst werden.
Die Lerche bin ich,
Die einer kommenden Sonne entgegenjubelt.

Der deutschen Sprache Lobgesang.

Wie soll ich dich schildern, du geliebte!
Meine Seele sehnt sich, dir Dank zu sagen,
Und mein Herz quillt über,
So müssen meine Lippen reden.
Aus gepreßtem Innern muß ich dein Lob singen.

Früher,
Da mich Niemand gekannt,
Hast du allein mich aufgenommen,
Und nun, da mich Alles verlassen,
Bist du doch mir treu geblieben
Und bist meine einzige Liebe geworden.

Wie soll ich dich schildern, du geliebte!
Bist du mir hold gesinnt, -
Was habe ich zu fragen nach Ehre von Menschen?
Was habe ich zu fragen nach den Schätzen,
Die voll Jammer und Thränen der Armen sind?
Du wendest dein Antlitz mir zu voll Liebe,
Und in deinem Lachen spiegeln sich
Die Sonne, der Mond und alle die Sterne.
Wenn du muthwillig bist und spielest um mich,

Dann bist du wie ein junges Reh im Walde,
Da es bei der Mutter spielet,
Und ich muß jauchzen unter Thränen.

Zürnst du, ach sie wissen es nicht,
Welche Qual du bereitest.

Wie eine Jungfrau zaghaft ist und unbeholfen,
Und doch der süßesten Geheimnisse voll,
So bist du ach wie oft so spröd',
So starr und widerstrebend,
Daß man sich muß ärgern über dich
Und muß dich doch lieb haben.
Wenn ich dich aber schelten will,
Dann blickst du mich auf einmal an
Klug mit frischen Kinderaugen,
Wie eine Tanne unterm Schnee vorguckt,
Und aller Unmuth ist mir gleich davongeflogen.

Wenn du ein Herzenslied anhebst zu singen,
Dann quillt es alles heraus voll innerlichem Wohllaut,
Und du bist reich an Schönheit
Und an Gedankentiefe wunderbar
Wie Meerleuchten.

Du bist kein Singsang
Und bist keine Sprache, um nichts zu sagen. —
Und du willst mich nimmer verlassen,
Darob muß mein Herz wohl fröhlich sein.

Wenn ich voll Jammer war,
Wer hat mich getröstet als du?
Wenn ich verschmachtet war,
Wer hat mich erquickt als du?
Wann habe ich eine frohe Stunde im Leben gehabt
Nach der Kindheit bis auf den heutigen Tag,
Wenn du sie mir nicht gegeben?
Du hast mich durch dunkle Nacht geführt,
Und ich habe ein Licht gesehen,
Das noch niemals auf Erden
Und auf die Menschen gestrahlet.
So soll auch dein Ruhm klingen märchenhaft,
Und du wirst gesegnet sein,
Und dein Lob soll nicht untergehen,
So lange Menschen auf Erden wohnen.

Wie solltest du auch nicht trösten können
Bis in die Tiefe der Menschenseele,
Bist du doch selber auch elend und gequält.

Du bist wie das Volk.
Die Geschichtschreiber und Hofgelehrten
Verrathen dich alle Tage.
Sie schreiben Lügen in ihre Bücher
Und lassen sie auswendig lernen.
Sie küssen den Fuß, der dich tritt
Und der sie selber von sich stößt.
Sie sind blind mit offenen Augen.
Du bist wie das Volk.
Von den Fürsten hast du dich mißhandeln lassen,

Von den Königen hast du dich verachten lassen,
Und die falschen Propheten
Haben nun die geschwollene Phrase auf dich geworfen,
Um deinen Aufschrei zu ersticken.

Aber ihnen zum Trotz hast du geblühet zweimal,
Ihnen allen zum Trotz wirst du blühen
Ein drittes Mal,
Schöner als jede von beiden Blüthen,
Schöner als beide zusammen.

Wie wenn im Junimond,
An den Ufern des Stromes, der golden rauscht
Und von Liebe und Freiheit murmelnd klingt,
Ein süßer Duft aufsteiget
Und ein lieblicher Wohlgeruch,
Das ist der Duft der Weinblüthen,
Der von den Bergen und Hügeln kommt, —
Aber ihrer sind wenige, die sich daran erfreuen
Und ihre Augen weiden und ihr Herz erquicken, —
So hast du geblühet das erste Mal.

Und wie wenn zur Herbsteszeit
Auf den Hügeln und Bergen die Weinlese beginnt,
Und der Wein in die Kelter wird getragen,
Und Abends das junge Volk eilet zum Tanz
Und lauter Lust und Jubel erklinget ringsum, —
Und ihrer sind viel mehr, die ihr Herz erfreuen,
Und von Grund der Seele fröhlich werden,
Und der Wein hat manch Lied geboren, stark und herrlich,

Das unvergessen ist und unvergänglich auf Erden, —
So hast du geblühet das zweite Mal.

Aber wie wenn nach des Winters Qual
Bei des jungen Frühlings Einkehr
Ein Hausherr den Tisch deckt voll und reich,
Und öffnet die Thüren weit
Und hinausruft in alles Land:
Kommet her, all ihr Armen und Elenden!
Ihr sollt nicht mehr ausgeschlossen sein
Von den Freuden dieser Erde,
Ihr sollt vollen Antheil haben
An allem Schönen auf Erden,
So kommet her und erquicket euch alle! —
Und siehe, sie kommen alle herbei
Und genießen von Allem und trinken von dem Wein,
Und werden froh und fröhlich
Und vergessen der grausen Zeit, die hinter ihnen liegt,
Und ist ihnen wie ein Traum,
Aber sie brauchen nicht Angst haben aufzuwachen,
Denn es ist in Wahrheit ein neuer Frühling worden
Rings um sie her, —
So wirst du blühen das dritte Mal.

Unvergleichlich wie du bist,
Ist auch die Weise, wie du geworden bist,
Und dein hoher Ruhm ist, sie zu erzählen: ·

Vom Morgen her,
Wo das Licht aufgehet

Und die Wiege der Menschen stand,
Bist du gekommen,
Und durch Abend sollst du wandern
Wieder zum Morgen!
Wild und stürmisch ist dein Anfang gewesen,
Und wild und stürmisch
Müssen die Wendepunkte deines Lebens sein.

Als ein Zug voll Abenteuer=Sehnsucht
Und voll Schwärmerei die Menschen ergriff
Und rückwärts nach Morgen führte,
Und sich daheim mit der Liebe verband,
Da blühtest du im Süden auf
Voll Anmuth,
In unerreichtem Sprachwohllaut.
Damals als ein edler Sänger sang:

    Durchsüßet und geblümet sind die reinen Frauen,
    Es ist so wonnigliches nicht zu schauen
    In Lüften, noch auf Erden, noch in allen grünen
                                Auen.

Aber noch war Nacht um dich her,
Stockfinstere, graunvolle Nacht.

Da kam eine Zeit, die war wie heute.
An allen Ecken und Enden gährte es.
Und die Menschen erfaßte ein Sehnen

Und ein Hunger nach Licht und geistiger Speise.
Da trat ein Mann auf und verdeutschte ein Buch,
Das hat schon genug Blut gekostet auf Erden. —
Und seine Sprache in dem Buch war wunderbar,
Voll Kraft und Männlichkeit
Und doch voll hoher Schönheit fast überall:

Sie weinet des Nachts,
Daß ihr die Thränen über die Backen laufen,
Es ist Niemand unter allen ihren Freunden,
Der sie tröste.

— — — —

Die Augen der Blinden
Werden aus dem Dunkel und Finsterniß sehen.
Und die Elenden werden wieder Freude haben —
Und die Armen unter den Menschen werden fröh=
lich sein. —

— — — —

Nun ruhet doch alle Welt und ist stille,
Und jauchzet fröhlich.

Wenn ich mit Menschen= und mit Engelzungen redete,
Und hätte der Liebe nicht,
So wäre ich ein tönend Erz,
Oder eine klingende Schelle.

— — — —

[Die Liebe] freuet sich nicht der Ungerechtigkeit,
Sie freuet sich aber der Wahrheit!

Es war ein streitbarer Held,
Und manch schönen Sieg hat er dem Dunkel abgerungen.
Aber auf halbem Wege blieb er stehen,
Und mit ihm ist es finster blieben,
Finster vor ihm
Und finster nach ihm.

Denn höre es wohl, du Welt!
Die sich Jünger dessen nennen,
Der doch gesprochen: Liebet euch unter einander!
Die sind die ärgsten Hasser geworden
Und Feinde des Menschengeschlechts auf Erden.

Die Märchen und Poesieen eines Buches
Haben sie zu einem Verdummungshammer gemacht,
Damit sie den Kopf des Volkes stumpfsinnig schlagen
Bis auf den heutigen Tag.
O wie fürchterlich haben sie gewüthet!
Die Erde,
Darauf alle Menschen sollen Freude haben,
Die haben sie zu einem Jammerthale gemacht.
Sie haben so lange geschrieen: die Erde ist ein Jammer-
thal!
Bis sie es wirklich schier ist geworden.
Zum gemeinen Manne haben sie gesprochen:
Quäl' dich nur hier für uns
Und laß dich schinden hier für uns
Und sei ein getreuer Sklav'
Und muckse und murre nicht;
Wenn du aber erst todt bist,

Nachher wird Alles gut werden.

Und es giebt welche,
Die hassen den Menschen noch über den Tod hinaus.
Sie lassen ja die Leichen nicht in ihren Gräbern ruhen.

Wenn der Arme und Elende krank vor ihnen liegt
Und hilflos ist vor Kummer und Gram,
Dann schlagen sie ihm sein Herz noch mehr entzwei
Mit Hölle und mit Teufel nach dem Tode,
Bis er wahnsinnig wird vor Angst
Und zu Allem, was sie wollen, ja sagt,
Da er noch lebt.
Und brauchte sie doch bloß einer zu fragen:
Wenn du mir so Angst machst
Und es so greulich dort ist,
Wie bist du denn von dort herausgekommen?
Denn du mußt doch dort gewesen sein,
Da du es Alles haarklein weißt.
So müßten sie ja auf der Stelle verstummen.
Aber das fragt sie keiner,
So brauchen sie auch nicht darauf zu antworten.
Und sie machen mit den Menschen, was sie wollen.
Und das ist ein gräßliches Elend
Und das Fürchterlichste von Allem,
Was menschenliebende Augen sehen müssen auf Erden.

Und sollten doch den Armen lieber sagen:
Wir wollen dich fröhlich machen im Leben
Und nicht traurig im Tode,

Du sollst leben mit Freude,
So sollst du sterben ohne Angst
Und ohne Groll,
Sondern mit Dank für die Freude auf Erden.
Denn die Freude ist göttlich,
Und die Liebe ist die köstlichste der Freuden.
Wer aber fröhlich wird, der wird auch gut. —

Aber der Mann, der auf halbem Wege stehen blieb,
Eine Sprache hat er dem Volke geschaffen,
Ein gutes Schwert für kommende Zeiten.

Wenn ringsum Kriege und Stürme tobten,
Und Alles auf den Armen einhieb und schlug,
Dann saß der Arme und weinte still für sich
Und las in dem Buch, so lernte er die Sprache,
Und die schlichte, sinnige Ausdrucksweise
Wuchs ihm tief in's Herz hinein.

Auf diesem Boden blühete ein Baum empor,
Der soll noch herrliche Früchte tragen.

Aber es kamen Tage des Jammers und der Noth
Und wurde schier finsterer um dich her,
Als es vordem jemals gewesen.
Und die Menschen erholten sich allmählig
Und sahen dich in Nebel und Dunkel gehüllt.
Da kam ein Mann auf,
Der kämpfte mit scharfem Schwert und scharfem Wort
Und brachte Vernunft und Licht und Klarheit

In eine verkommene Welt.
Die Gesetze des Schönen hat er den Menschen vorge=
zeichnet
Und lehrte: frei sein von Vorurtheil.
Und lehrte es in klarer, durchsichtiger Sprache:

Es ist nicht jedem Auge gegeben, die Hülle zu
durchschauen,
In welche der Dichter eine Wahrheit kleidet. —

Was ist ein Held ohne Menschenliebe?

Nun, wen lieben zwei
Von euch am meisten? Macht, sagt an, ihr schweigt?
Die Ringe wirken nur zurück und nicht
Nach außen? Jeder liebt sich selber nur
Am meisten? - O so seid ihr alle drei
Betrogene Betrüger!

Er blieb im Leben einsam und fühlte sich einsam.
Da leuchtete ein Doppelstern empor am Himmel,
Und zwei Cedern blüheten zusammen auf der Erde,
Herrliche Gestalten!
Einer an dem andern rankten sie sich empor zu gleicher
Zeit,
Ein nie gesehenes Schauspiel unter allen Nationen,
Und wurden vollkommener einer durch den andern,
Bis er dahin ging allzufrüh, der eine Sprach schuf,
Darin jedes Wort, einer vollen Aehre gleich,
Sich beugt unter der Wucht der Gedanken:

8*

Was sind Hoffnungen, was sind Entwürfe,
Die der Mensch, der flüchtige Sohn der Stunde,
Aufbaut auf dem betrüglichen Grunde?

— — — —

Wenn Wolken gethürmt den Himmel schwärzen,
Wenn dumpftosend der Donner hallt,
Da, da fühlen sich alle Herzen
In des furchtbaren Schicksals Gewalt.
Aber auch aus entwölkter Höhe
Kann der zündende Donner schlagen,
Darum in deinen fröhlichen Tagen
Fürchte des Unglücks tückische Nähe!
Nicht an die Güter hänge dein Herz,
Die das Leben vergänglich zieren!
Wer besitzt, der lerne verlieren,
Wer im Glück ist, der lerne den Schmerz!

Und der erste blieb allein,
Ein Mann unter den Erdenmenschen,
Der das Glück ertragen konnte:

Bedecke deinen Himmel, Zeus,
Mit Wolkendunst
Und übe, dem Knaben gleich,
Der Disteln köpft,
An Eichen dich und Bergeshöhn!
Mußt mir meine Erde
Doch lassen stehn
Und meine Hütte, die du nicht gebaut,
Und meinen Herd,

Um deſſen Gluth
Du mich beneideſt.

Ich dich ehren? wofür?
Haſt du die Schmerzen gelindert
Je des Beladenen?
Haſt du die Thränen geſtillet
Je des Geängſteten?
Hat nicht mich zum Manne geſchmiedet
Die allmächtige Zeit
Und das ewige Schickſal,
Meine Herren und deine?

Hier ſitz' ich, forme Menſchen
Nach meinem Bilde,
Ein Geſchlecht, das mir gleich ſei,
Zu leiden, zu weinen,
Zu genießen und zu freuen ſich
Und dein nicht zu achten
Wie ich.

Nie hat in Worten unmittelbarer ein Menſch
An das Herz des Menſchen gegriffen:

Der Menſchheit ganzer Jammer faßt mich an.

— — — — —

Wer fühlet,
Wie wühlet
Der Schmerz mir im Gebein?

— — — — —

Wohin ich immer gehe,
Wie weh, wie weh, wie wehe
Wird mir im Busen hier!
Ich bin, ach! kaum alleine,
Ich wein', ich wein', ich weine,
Das Herz zerbricht in mir!

*

* *

Das Alte ist vergangen,
Und es ist Alles neu geworden.

Die Schönheit, auf Unrecht aufgebaut, ist keine Schön-
heit!
Es ist ein häßlicher Flecken an ihr,
Der sie zu Grunde richtet.
Darum ist die Schönheit Griechenlands untergegangen,
Denn sie war gebaut auf Sklaverei.
Die Schönheit, die wir aufrichten wollen,
Soll gebaut sein auf Menschenliebe,
Und darum wird sie leben bleiben.

Viele sollen nicht treu sein Einem,
Aber einer soll treu sein Vielen.
Viele sollen nicht dankbar sein Einem,
Aber einer soll dankbar sein Vielen.

Jeder, der gequält ist,
Soll auf seine gequälten Brüder sehen,

Daß er ihnen helfe,
So wird Einer treu sein Vielen.
Jeder, der minder gequält ist,
Soll auf seine Brüder sehen, die mehr gequält sind,
Daß er ihnen helfe,
So wird Einer dankbar sein Vielen.

Alles, was den Menschen niedrig macht,
Ist in der Treue gegen Einen;
Alles was den Menschen hoch erhebt,
Ist in der Treue gegen Viele.
Wer Vielen treu ist,
Der muß frei werden;
Wer Einem treu ist, der muß ein Sklave sein
Und er wird es bleiben.

Und ihr sollt vorwärts dankbar sein.

Jeder Erwachsene soll den Kindern dankbar sein.
Der Lehrer soll den Schülern dankbar sein.
Der Gegenwärtige soll den Kommenden dankbar sein.
Durch den Dank nach rückwärts ist die Knechtschaft ge=
                                        kommen,
Durch den Dank nach vorwärts
Müssen die Sklaven freie Menschen werden,
Und muß alles Elend ein Ende haben.

Ihr sollt nicht Märchen für Wahrheit halten.
Denn wenn ihr das thuet,
So mordet ihr euch selbst

Und mordet eure Kinder.

Stehe auf, du Sprache, und gehe dorthin,
Wo der Jammer wohnet,
Wo das Elend zu Tische sitzt,
Und der Hunger in den Eingeweiden wühlet.
Wen du dort finden wirst,
Mache seinen zerschlagenen Arm stark
Und seinen stumpfen Blick helle.
Laß nicht ab von ihm,
Wenn er sich hinlegt vom Elend
Und wenn er aufsteht zum Elend.
Trommle, zischle, raune ihm zu:

Du sollst dich nicht treten lassen.
Du sollst dich nicht unterdrücken lassen,
Du sollst dich nicht aussaugen lassen.
Du sollst den Sklavensinn von dir thun.
Du sollst die Knechtseligkeit von dir thun.
Du sollst dich nicht bücken vor einem lebendigen Menschen,
Denn er ist nicht mehr als du.

Wirst du dies befolgen,
So wird das Elend abfallen von dir,
Wie ein Reif von der Erde schwindet,
Wenn das Frühlicht kommt
Und die Sonne am Himmel pranget.

Denn weil du dich treten läßt,.
Darum heulest du.

Weil du dich unterdrücken läßt,
Darum bist du elend.
Und weil du dich aussaugen läßt,
Darum mußt du Hunger leiden.

Wer aber seinen Nebenmenschen zwingt,
Weniger zu wissen als er selber weiß,
Der unterdrückt seinen Bruder,
Der tritt auf ihn
Und der saugt ihn aus.

Und wer seinen Nebenmenschen zwingt,
Mehr zu arbeiten, als er selber arbeitet,
Der unterdrückt seinen Bruder,
Der tritt auf ihn
Und der saugt ihn aus.

Und du Sprache,
Nimm eine Leuchte in deine Hand
Und gehe dorthin, wo es finster ist,
Wo es ganz finster ist.
Und strecke die Leuchte über die dort schlummern
Und nichts wissen von sich,
Bis ihre Wimpern zucken
Und sie sich hin und wieder wälzen.
Und rufe laut, daß es halle
Von Hügel zu Hügel,
Von Thal zu Thal:

Wacht auf! wacht auf!
Ihr habt zweitausend Jahre geschlafen,
Das ist lange genug. Wacht auf! seht,
Es will lichter Morgen werden!

Und es hören es die Hügel,
Und es hören es die Thäler,
Und es hören es die Ufer des Meeres alle.
Und die Wellen am Ufer hören es,
Und beginnen es gegen einander zu schlagen.
Und die Tiefen des Meeres hören es,
Und steigen mit Freuden empor.
Und die letzten Wellen hören es,
Und schlagen es an die Felsen mit Jubel.

Da dröhnt das Land.
Ein neues Licht durchzuckt alle Menschen.
Aufjauchzen die Nationen der Erde.
Denn der Fluch ist von ihnen genommen,
Und den Blinden sind die Augen aufgethan,
Und wollen als freie Menschen auf Erden wa
Und ein Blutbad unter ihnen wird nicht meh

Druck von Carl Salewski in Berlin.